齐晓晶 著

原来你是这样的艺术家

YOU ARE SUCH AN ARTIST

上海交通大学出版社
SHANGHAI JIAO TONG UNIVERSITY PRESS

你好，很高兴认识你，我是……

20 世纪 80 年代，我出生在北京，这么说假装自己很有故事。

我从小偏爱画画，偏爱到考入美术中学，还不够，继续考入艺校，还不够，接着又考入中国艺术研究院—中国油画院。

接下来的人生几乎都与画画相关，带着对画画的执念，上学期间成立了个人工作室，涉及儿童美术、艺考培训、成人美术，从线下到线上，将艺术全方位传播。出版多本彩铅绘画书籍，参与编写油画棒临摹大师绘画丛书，担任绘画比赛评委，举办各种类型的绘画讲座。

与学员们接触中逐渐发现越来越多的学员喜欢临摹大师作品，同时大师的神秘色彩为学员带来无限遐想，究竟一个人渡过怎样的一生，才能创造出如此令人着迷的作品？试问谁不好奇呢？

像狂热的集邮爱好者一样，我开始变得爱搜集艺术家的信息，也曾买过不少画家传记，但是几乎都没有读完，只是支离破碎地看了感兴趣的片段。我相信肯定有很多人跟我一样，很想了解大师，但是面对真正的传记或者艺术史，拜读起来还是有些吃力的。

花了很长时间，我在想怎样可以便于大家接受这些内容？我发现有个规律，首先要有故事性，我们从孩子时期开始，就喜欢听故事了。还要有幽默感，我希望大家是可以轻松愉快地获得知识。文字上，言简意赅。时间、地点、人物、事件，我要快速地讲明白。篇幅短，信息多。

孕期是一个非常好的契机，借此闲暇时光开始整理大师传记，并脑洞大开以第一人称的形式表达出来，这种自述的形式似乎深得大家喜爱，人们不再是旁观者，而是局中人，多刺激啊！

起初称"听齐晓晶聊艺术界的扛把子"，后来觉得不够过瘾改为"发现艺术家的私生活"，又觉得不够正式。经过反复的头脑风暴后，终于与编辑达成共识，称之为《原来你是这样的艺术家》。

这个过程还是别有滋味的，每讲述一位大师我都要努力地让自己的精神状态、思维方式去还原那个人。现在我特别理解演员入戏的滋味，根据人物原型的需要，调动自己的七情六欲，让自己变成自己想象中的那个人。

我总幻想，如果我是达·芬奇，我是凡·高，我是莫奈，我是米勒……不知道长期下去会不会精神分裂。

所以我得时不时清醒地告诉自己，

我只是一个闲不住的北京姑娘！

我是齐晓晶。

目 录
contents

108 - 135

我没有钱，穷到没法画画

我是米勒
I am Millet

136 - 175

我的一幅画诞生了一个画派

我是莫奈
I am Monet

176 - 203

凡·高想杀我

我是高更
I am Gauguin

204 - 235

你们爱我的向日葵，我却爱我的表姐

我是凡·高
I am van Gogh

236 - 253

在我去世后的31个小时，我太太竟选择跳楼，
当时腹中还有我们的孩子

我是莫迪利亚尼
I am Modigliani

我是欧洲文艺复兴时期最完美的代表！

我就是人类历史上绝无仅有的全才！

如果我的手稿生前发表出来，那世界会前进一百年。

我是达·芬奇

I am
Da Vinci

1400 年：英格兰理查二世逝世。

1412 年：西班牙统治西西里岛。

1405 年：郑和开始下西洋之旅。

1420 年：中国的紫禁城在北京建成。

1438 年：帕恰库替建立印加帝国。

1446 年：朝鲜政府颁布朝鲜文字母，但上层阶级仍使用汉字。

这以上与我并没有什么关系。

在 1452 年 4 月 15 日的意大利

我出生了。

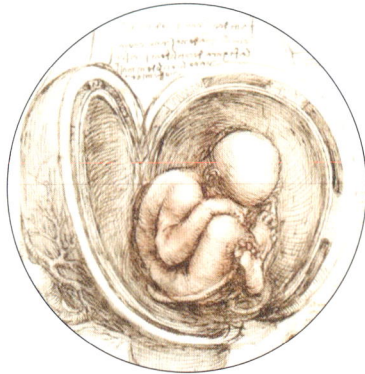

很幸运的是，我的爸爸非常有钱。而我，就顺理成章地成了

富二代！

富二代三大爱好：买房，买车，买房车～

按说我应该是很幸运的 baby，但不完美的是，我父母生我的时候，忘记结婚了。当然最终，他们也没有走在一起。是的，我已经猜到大家脑中想的词了，哎，我知道，我是个私生子。宝宝心里苦，但是宝宝不哭。

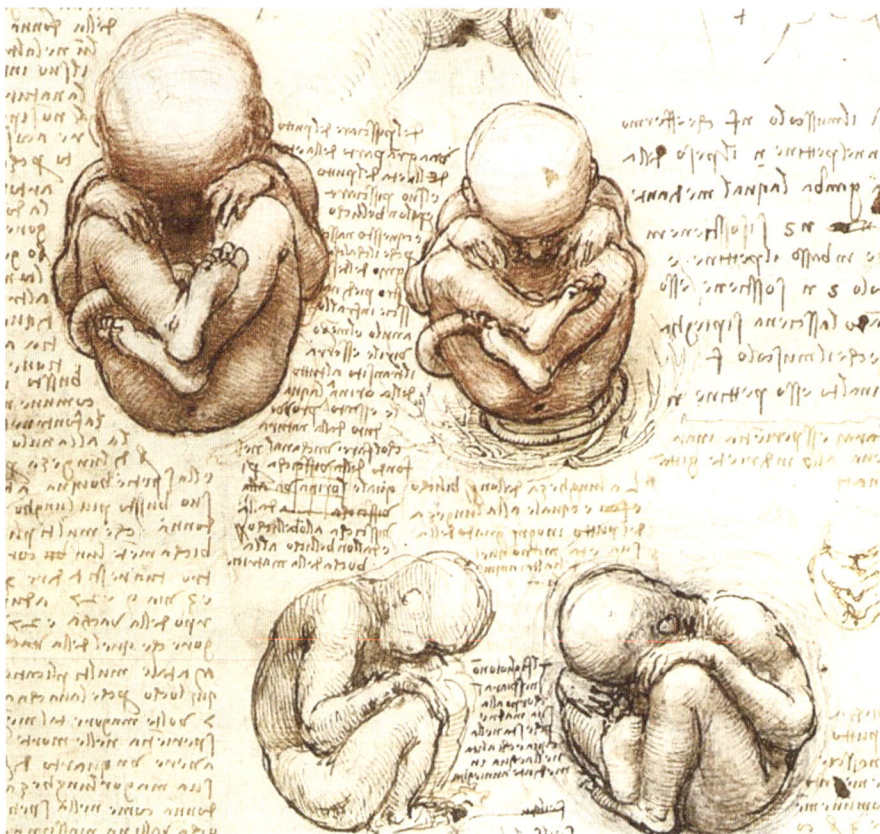

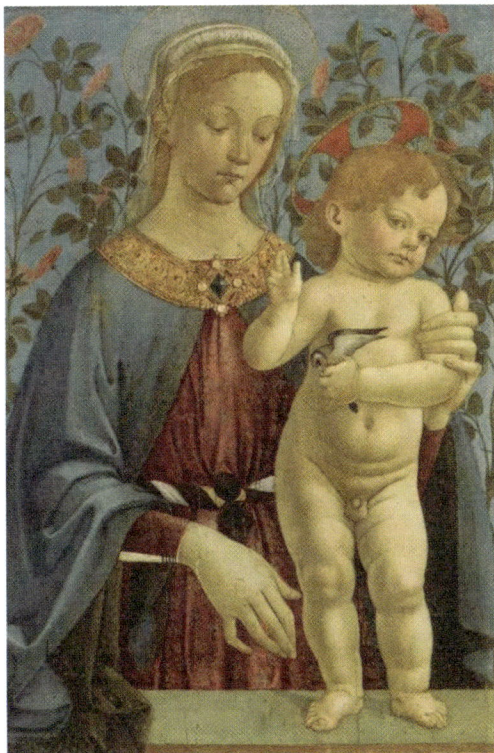

我的妈妈是个贫穷的农民，我出生没多久，还没有学会买名包、名表……爸爸就抛弃了妈妈，并且和另外一个女人结婚了。于是我凤凰变田鸡，穷到没钱上学。

不料和爸爸结婚的女人不能生育。哈哈哈！天道好轮回苍天饶过谁？这就叫出来混总是要还的！爸爸硬是把我从妈妈身边夺走，那时我五岁。没过多久我的妈妈就去世了，后来我的继母也去世了。父亲又和另一个女人结婚了，但凑巧的是，她还是不能生育。我爸的眼光还真是专一啊！因此，我成了家里唯一的继承人。

我喜欢音乐，还自制了乐器为米兰公爵演奏，当时一鸣惊人。米兰公爵要是在这个时代一定会为我转身，张开双臂，向我高喊：**I WANT YOU！！！**

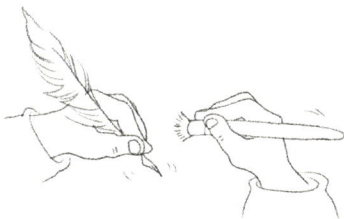

我左手右手均能写字画画。我喜欢画画，一有时间我就画。大家都叫我小画家。爸爸知道后大怒。你们才是画家呢！你们全家都是画家！！！因为当时画家工作是很卑微的，爸爸希望我读法律，成为一名国家公务员，既体面，挣得又多。但是我是谁啊，我可处在青少年的叛逆期，我爸说什么我偏不听。

爸爸看我实在喜欢画画，找出我几幅涂鸦请了个老师看看（我想现在的父母很多也是如此），老师看后大赞一番，并让我留在他的画室，就这样，我和同学们在一起正式开始学习绘画了。除了老师对我的教导，我还从一个大师哥身上也学来很多东西，使得我的绘画技法炉火纯青。我记得后来发生了

两件事。

孩子们坐好，我要讲故事喽~

记不清是哪一年的哪一天，事实我根本就不知道，有个农民拿着盾牌找爸爸，让他带到城里请画师在盾牌上画一幅画。要求画面内容要非常凶狠可怕，使盾牌看起来无比地强大，可以抵挡一切。谁想到爸爸并没有请画师去画，而是交给了我。我明白，他心里想：小样，你不是能耐大吗？还人称小画家，画一个我瞧瞧呗！

我找了几本妖魔鬼怪的书籍，把自己关在房间里研究这个题目，屋子里面养了蝎子、蜈蚣、毒蛇等各种可怕的生物。不知道会不会还没画把自己吓死了。经过了一个多月的奋战，终于画出了两眼喷火、鼻孔生烟、口吐毒气的一个大怪物。我特意把窗帘拉上，留一道缝隙让光射在盾牌上，把气氛搞到恐怖至极，然后去请父亲。父亲来到门前，推开门，一眼就看见盾牌上的妖怪了，

"啊" 的一声，被吓得转身就跑。

你这个逆子！你敢耍老子！！

啊！！！
有鬼啊！

12

发生了第二件事，这是我和老师的唯一一次合作。为了后面提升我的调调，我觉得有必要先为我的老师做个介绍：他是当时艺术家中首屈一指的巨匠，他的作品《大卫像》摆在佛罗伦萨宫中，受到了高度的赞赏。

语境铺垫好了，下面要进主题啦，我的老师接了个活儿，为一间教堂绘画一幅名叫《基督受洗》的油画。

这幅作品大部分已经完成，局部却一拖再拖，画面中差一个小孩子没有完成。眼看交工的期限就要到了，不料老师突然病倒了。没有办法，只好让我代劳。老师总是可以没有理由地压榨学生。

我在画面左下角画了一个跪下手捧法袍的小天使。画完后，大家对这个小天使赞不绝口，并一致认为是全画最精彩的部分。这个小天使既为画面增色，又使其他的部分失色。

就这样，一不小心就超过了我的老师，结果伤害了老师的玻璃心。老师也是枚有血性的汉子，把笔一撅。从此，他再也没有画过画。我知道老师的内心是崩溃的。

⬆ 老师的《大卫像》

《基督受洗》
1476，176.9cm×151.2cm
藏于佛罗伦萨乌菲齐博物馆

保佑他们师徒
还能一起玩耍

你为什么
比我好看

怪我咯

左边这位小鲜肉是我画的

14

我喜欢胡思乱想，我常常想将艺术与科学结合起来。譬如数学，在很大程度上，对于理解透视法则、明暗的分配色彩的作用，都是十分必要的。还有，光学和力学，也是必需的，不然的话，我们将像盲人在黑暗中行走。

我否定了传统的"地球中心说"。我觉得地球不是太阳系的中心，更不是宇宙的中心，而只是一颗绕太阳运转的行星，太阳本身是不运动的。我发现月亮自身并不发光，它只是反射太阳的光。

我看见一个抛射体最初是沿倾斜的直线上升，最后冲力耗尽，并利用这个现象研究出惯性原理。我还发展了杠杆原理，算出了速度与臂长的关系。不好意思，我好像开了挂了，根本停不下来……

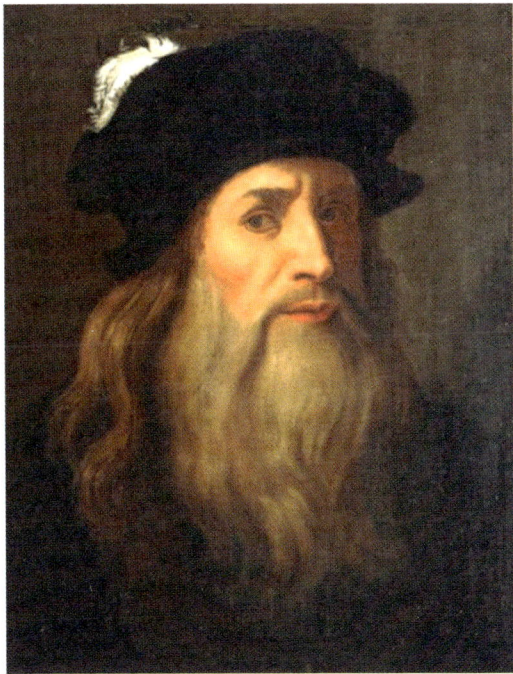

⬇ 那时的我正青春

我预示了物质的原子原理，形象生动地描述了原子能的威力：那东西将从地底下爆起，使人在无声的气息中突然死去，城堡也遭到彻底毁坏。

我相信作为 20 岁的年轻人，我已经算是才华出众了。但是明明可以靠才华的我，偏偏要去拼颜值，别看我后来的自画像是那么苍老的一个人。当年我还是有着一张欧巴脸滴。我长成了一个壮实而漂亮的小伙子。我不仅相貌秀美，一举手一投足，都风度翩翩。是的，虽然有颜值，但是**主要看气质。**

《施洗者圣约翰》
1513—1516
藏于法国巴黎卢浮宫

男孩子们，
让我们约起来！

有人问找长这么帅怎么没有女朋友，女人？这可是艺术大咖的禁忌。不要忘记很多大艺术家都是同性恋呦！

　　我作为艺术界的领头羊，当然也要去搞基啦。我要和大哥哥们一起玩耍。

　　我是个有追求的人，现在正是我事业的上升期，怎么能沉迷爱情。我曾一画成名，所以我生意兴隆。

　　但是我不安分，总是瞎琢磨。我想到要更改阿诺河的河道，这样便与佛罗伦萨的运河沟通，二河合一，水运就极方便了。我曾为房屋底层和整所建筑画过设计图纸。还设计过磨坊、漂布机，还有一些水力操作的机器。为了国家发展，我也算是操碎了心！

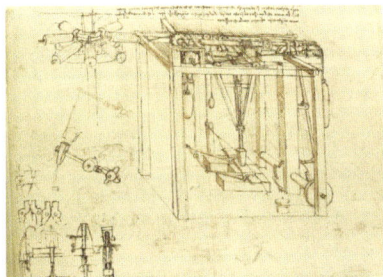

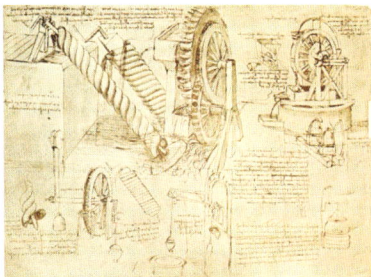

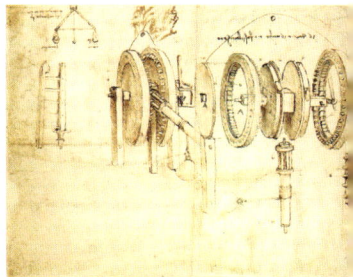

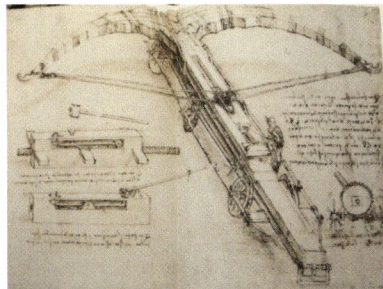

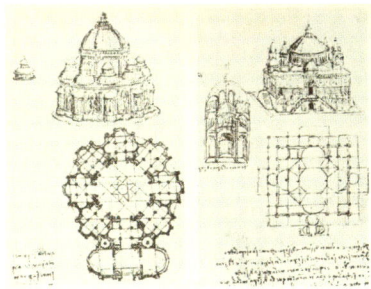

⬆ 我的天哪，我都在做些什么！！

《吉内芙拉·德·本奇》
1474　39cm×37cm

1474年

　　我接了个活儿，也是我人生中第一幅肖像画，得知画的是个姑娘，见姑娘最美妙的时刻就是见面之前，因为我可以无限地幻想她的样子。

　　一见面，哇噻，果然幻想与现实差距好大。这姑娘真是冷面啊，喜怒哀乐惊恐悲，脸上一个表情都看不出来，这是传说中的面瘫嘛。可她的变态要求是让我画出精神，画出灵魂。

算了，给钱就行。

　　她往这里一坐跟个金字塔一样，一脸的晦气，为了画出她的精神，我早晚得神经。

　　坐着坐着，她还走神了。眼睛开始游离了，我突然知道她的灵魂在哪了，她灵魂出窍了。估摸着再有会儿就该睡着了吧。

30 岁的我，正是干大事的年龄，我独自来到米兰，决心大干一场。

很快，我被聘为宫廷画家，我画了很多的画。其中，

《抱银鼠的女人》

这幅画我自己也很喜欢：你看，她细长的手指；你看，她智慧的眼神；你看，她华丽的服装；你看，她服帖的头发。真是应该给发胶做代言，根根紧贴，凸显脸型。

你看人家手中的宠物——貂，比阿猫阿狗逼格高多了。在古代寓言中，貂具有爱自由的天性，宁可被杀，也不愿意钻洞求生。

这幅画可以说是一举成功，使我在宫廷，乃至在贵族阶层都引起了轰动。

哥们要火啦！哈哈哈……

《抱银鼠的女人》
54cm × 39cm
藏于恰尔托雷斯基博物馆

我告诉自己，不要膨胀，荣誉不过浮云。我依然坚持着瞎琢磨的好习惯，考察植物性能和观测天体——包括行星运转、月亮盈亏和太阳的轨道。我不知道自己的房间应该算画室还是科学实验室。

要说我的成名还得说那顿《**最后的晚餐**》和那个叫做《**蒙娜丽莎**》的女人。

1495年 — 1498年

花了三年时间，我完成了《最后的晚餐》，听起来很卖力气，可现实不是这样子的，我有个习惯，每次一接活拿到定金后就不爱工作了。我常常拿着定金就跑了，原谅我就是这么现实，谁让我是爱钱的金牛座，没有办法。

关于《最后的晚餐》大家都了解，耶稣饭桌上摊开双手，告诉徒弟们：

你们中有一个人出卖了我！

快跑
抓到就完了

➡ 拿到钱后，马上消失～～～～

　　我总在想这个叛徒应该长成什么样子，直到最后，全都画完了，这个叛徒的脸还是空着的。

　　突然有一天，修道院的人来检查我的进度，发现我还没画完，就催我，而且态度很恶劣。

　　我的天哪，我一个艺术家哪受得了这个，我直接把他那张脸画了上去，画完我也后悔了，连工钱都没要就跑了，这么伟大的作品真是便宜他们了……

《蒙娜丽莎》
77cm × 53cm
藏于法国卢浮宫

1514年

　　我画了一位 24 岁的年轻姑娘，当时，她刚刚失去自己的女儿，为了逗她一笑，我特意请人为她演奏、唱歌、说段子。

　　等到这幅画画完时，我已经 65 岁了，而标志着文艺复兴巅峰的这个姑娘成为吸粉最多的世界级网红——**蒙娜丽莎**。

现在每天都有成千上万的人排队为她照相，这也是我最爱的作品，直到去世，我都将她留在身边。

人在画在！

她在画中很安静地坐着，双手很自然地一搭，头微微一转，望着画外的世界。眼睛很平静，嘴角一抹微笑，而就是这微笑，被后人称为

神秘的微笑。

因为有时候看她，好像初次见面很恭敬的微笑，或者是欢迎的微笑，有时候再看，又像是拒绝的微笑。再看，难道是讽刺的微笑？不对，好像是很勉强的微笑。据说500年后荷兰一所大学应用"情感识别软件"分析出蒙娜丽莎的微笑包含：高兴83%，厌恶9%，恐惧6%，愤怒2%。

现在的大学，总爱搞这些有的没的，弄得跟真事儿似的。

你们不许丑化我的女神！

完成这幅画后，我其实很想在家乡养老，但是确实得罪了不少佛罗伦萨人，他们不能原谅我为米兰作出了那么多的贡献。只好再次回到米兰，米兰人欢迎我，他们忘不了我对这个城市作出的贡献。

我又来到法国，最后定居昂布瓦斯。

小人真是无处不在，我正在为法国国王画肖像时，有人送了一封信到佛罗伦萨。

信中说，需要我在米兰完成一些画作。这封信被共和国最高长官看到了，他大发雷霆，骂我是"米兰骗子"，恶毒攻击性的语言铺天盖地地向我飞来；说我"是地地道道的变节者"！我被恶言恶语折磨着，被米兰和佛罗伦萨两边拉扯着。

法国总督说："你们佛罗伦萨人应该为我效力。"重重压力下，我不能重回家乡。

在那个时期这些统治者，把画家、艺术家看成是**仆人**，是服务工具。

这正是我这个时代艺术家的悲剧之一。别理我，让我哭一会。

1519年

我的身体终于禁不起折腾了。卧病在床的我，偶尔可以坐起来，但是几乎不能下地了，是的，我站不起来了……

5月2日，
我与世长辞。

回想我一生，除了画画，还设计了自驱式汽车、旋转浮桥、有翼滑翔机、通气三管大炮、螺旋桨、水下呼吸器、降落伞、机枪、坦克、潜水艇、双层船壳战舰、起重机、纺车、机床、冲床、自行车等。

⬆ 终年 67 岁

我发现山上有海中动物化石，猜测地壳有过变动，地球上洪水的痕迹就是海陆变迁的证明，并计算出地球的直径为 7000 余英里。

我有着像鸟儿那样飞行的梦想，试着绘制了一幅飞行器草图。飞机的外形由木头、帆布等当时的材料制成，在飞行器两侧是一双膜状的翅膀，结构和形状酷似蝙蝠或翼龙，这双翅膀展翼可以达到 11 米。

长期解剖的研究，使我得到了一套做心脏修复手术的方法。

我的发明不仅有高科技，还有草根发明，譬如：**剪子**。

我的父亲是 **瑟·皮耶罗·达·芬奇，** 是佛罗伦萨的法律公证员。

我的老师是 **韦罗基奥，** 是文艺复兴早期意大利画家及雕刻家之一，也是 15 世纪下半叶最具影响力的艺术家。

右图这幅

《圣母和圣婴》

是唯一一幅有他签名的作品。

至于我那位师哥，那更伟大了，他就是 **波提切利，** 是文艺复兴早期

佛罗伦萨画派的最后一位画家。

如果刚才那两幅作品大家觉得陌生，我想这幅画大家应该都认识吧？很多朋

友管这幅作品叫《贝壳中的维纳斯》，那，我这里正式更正一下，应该叫

《维纳斯的诞生》。

《维纳斯的诞生》
175cm×287.5cm
藏于意大利佛罗伦萨乌菲齐美术馆

我是画家，还是雕刻家、建筑师、音乐家、数学家、工程师、发明家、解剖学家、地质学家、制图师，植物学家和作家。

我是文艺复兴三杰之一。小行星 3000 因我得名。

作品《蒙娜丽莎》现在是卢浮宫的

镇馆之宝！

我长达 7000 多页的手稿至今仍在影响着科学研究。

我的手稿被称为一部 15 世纪科学技术的真正

百科全书。

⬆
做人这么伟大，
跟神有什么分别！
请叫我男神。

我就是一位现代世界的预言家，科学家这样评论我：如果我当初发表全部手稿的话，

世界会前进一百年。

没错

这就是我

美貌与才华集于一身

我的名字叫

Leonardo Di Serpiero Da Vinci

台湾译成

"达文西"

大陆都叫我

"达·芬奇"

我有 17 个兄弟姐妹，
我哥爱我，
我爱我哥，
我是靠掷硬币得到学画的机会。
我是细节控，也有强迫症，
我几乎是历史上第一位开启自画像模
式的北欧艺术家。

我是丢勒

I am Dürer

世界上有这么一类人，有**强迫症**，画画非要画得特别细才满足，这类人最大的爱好，就是画细节。

如今写实画家比比皆是。但要说写实界的 **鼻祖** 是谁？

大家好，我在这里。

《自画像》
1500，48cm×67cm
藏于德国慕尼黑老绘画陈列馆

先来一大波作品
震慑你们一下

《玫瑰花环节的盛宴》
1506，162cm×194cm
藏于布拉格国家画廊

大家是不是对我有了丝丝的崇拜，
特别想问，我是谁？我做了什么？

《13岁自画像》
1484，27.5cm × 19.6cm
藏于维也纳阿尔贝蒂娜博物馆

15 世纪

　　在德国纽伦堡的一个小村庄里，住了一个有 18 个孩子的家庭。这个家庭的父亲是一名冶金匠，为了维持一家生计，他每天工作 18 个小时。即使是一天工作十七八个小时，依然有时间生了 18 个孩子。这生产力真是杠杠的。

　　在这个贫穷的家庭中，其中两个孩子却有同一个奢侈的梦想，那么我的故事就从这里起源了。我和我的哥哥，都喜欢画画。不过我们也了解，父亲无法在经济上供我们都去学画画。

　　我的传奇要从 13 岁时说起：

　　那一年我画了幅自画像，画的右上角有我的文字记载，"1484 年我还是一个孩子的时候，我照着镜子画了自己"，这几乎是世界上第一张自画像作品，并且还画得这么好。厉害的就是我可是无师自通啊！这不是上帝赐的天赋是什么？

　　看着自己的作品我的内心是激动的，我仿佛已经预测到后人对我的崇拜，我清楚地认识到了自己，也许我生来就是艺术家，我生来就是为了向人们描绘艺术的轮廓。

《宝座上的圣母玛丽亚和天使》

14岁的我去了纽伦堡一家小学，入学是晚了点，但不影响我的天赋。

我爹的意思是想把我培养成一个做首饰的工人。但经过作坊的绘画训练，我越发地爱上了绘画，而且很快就精通此道了。我为了学会首饰工艺所必需的装饰艺术，于是进一步开始临摹艺术家们的人物画。

1485年的这幅钢笔画是我第二幅比较得意的作品，被保存至今。慢慢地，我想成为艺术家这个愿望的小火苗在心中燃起。

后来我个人觉得这幅画的名字起得不严谨，圣母和天使我们显而易见，但是宝座在哪呢？

1490 年

19 岁的我为老爸画了幅肖像。

老爸看我画得如此惟妙惟肖，不仅把他画得玉树临风、温文尔雅，还把他的宝贝手串儿画得珠圆玉润价值连城，那是心花怒放，一拍大腿，准了我当画家的愿望。

于是给我找了个画室，一学就是三年。这三年中我临摹了老师的作品，逐渐学会了多种绘画技巧。

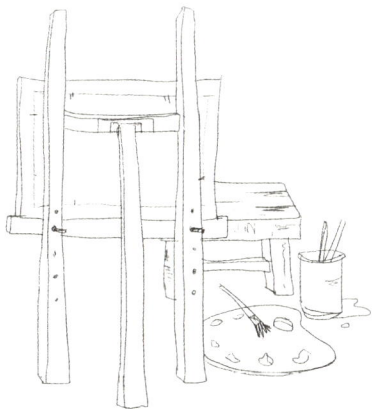

⬆

红珊瑚？红玛瑙？红珍珠？这是不是老古董？什么时期？西周的？也许是上周的，哎～

我开始对自然、人体、植物进行研究，并且尝试了创作。学徒期满后，我开始游历德国，到过法兰克福，去过科隆和巴塞尔，（请自带背景音乐）我看过了许多美景，也看过了许多美女……

四年间的旅行学习对我的世界观产生了很大影响。所以说大家应该趁年轻多去见见世面。有句"名言"说得好：

"你连世界都没观过，哪来的世界观？"

美景和美女看的也差不多了，准备找个女主人收收心，未来老丈人是位音乐家，我想艺术熏陶下的姑娘应该错不了。那肯定是知书达理、温婉可人，嘻嘻，一想到这里我就心花怒放啊！

我精心地画了幅自画像，用途自然不必说，相当于现在的相亲照，当然自动附带了磨皮啊、祛斑祛痘这些功能了。你看我手里的东西，这可不是一般的花花草草，这可是有讲究的！此物名叫海东青，代表夫妻间的忠诚，为了打动姑娘芳心我也算绞尽脑汁了。

《22岁自画像》
1493，56.5cm×44.5cm
藏于法国卢浮宫

1494 年

23 岁的我与她结了婚，到此，我的人生看起来都是一帆风顺的，然而事实并不如此。这都是表面的风光，生活如人饮水，冷暖自知啊！

别忘了我家的兄弟姐妹可有 18 个，我的爸爸只是一名金匠，这样的家庭很难满足我学画画，更何况我和我的哥哥有着同样的梦想。我们俩只有一个人可以到艺术学院读书。

我们说好先由一个人去学习艺术，另一个先到附近的矿场工作赚学费钱；毕业后，在矿场工作的那一个人再到艺术学院读书，由学成毕业那一个人赚钱支持。

简单地说，就是让一部分人先富起来，我们知道这样对另外一个很残酷。但是没有办法。为了公平起见，我们想出了一个简单、精准、随机、公平的主意——**扔钢镚儿**。

听说扔钢镚儿能够解决世界上绝大部分的烦恼，简直是选择恐惧症患者的福音。

父亲最为难，手心手背都是肉。父亲总是责怪自己没有本事，不能送我们兄弟学习。我们不怪父亲，父亲已经很努力了，所以让父亲不要自责、内疚。

一个周日，我们在教堂做礼拜，也就是那一天。我们进行了神圣的扣人心弦的扔钢镚儿仪式。

我的心情很复杂，我多么希望那个幸运儿是我，同时又不想看见哥哥失落的表情。从哥哥眼神中我看见他也这么想。我们久久没有扔起钢镚儿。我第一次心跳得那么剧烈。惴惴不安小鹿乱撞，一方面希望是我，一方面又害怕是我，这真是患得患失、进退两难啊！

我们把钢镚儿扔起来，我几乎不敢去看结果。但是结果是我可以得到学画画的机会，而哥哥挣钱为我交学费。我问哥哥要不要再来一次，哥哥说不必了，这是命运的安排啊，并鼓励我**要好好学画画**。

《老阿尔布雷希特·丢勒肖像》
1490，47cm×39cm
藏于佛罗萨乌菲齐美术馆

我去了纽伦堡艺术学院，并决心一定要画出些成绩。哥哥去了危险的矿区，为了我无怨无悔地奉献着自己的年华，为我的梦想和前途奉献出他全部力量。我的哥哥呀，想到这些我眼眶都湿润了！而这四年，我也使出了洪荒之力，在艺术学院表现得很突出。毕业时，我的作品已经能赚不少钱，成为了**学院的大明星**。

　　毕业后，我并没有忘记自己当初的承诺，回到自己的村庄，寻找四年来一直在矿场工作的哥哥，来圆他的艺术之梦。是时候换我守护哥哥了！

　　在我回家的那一天，家人为我准备了盛宴。宴席间始终伴随音乐和笑声，在临近结束时，我很正式地站起来，面对哥哥，控制住多年来积攒下的感动，回家路上我想了一大堆感谢哥哥的话。我不知道怎么说才是最真诚的表达。而站在哥哥对面，千言万语千思万绪汇成一句话，我真诚地说："现在轮到你了，哥哥，我会全力支持你到艺术学院学画，实现你的梦想！"

　　大家的目光都落在了哥哥身上，他的眼泪忽然夺眶而出，他垂下头，擦干脸颊上的泪水，轻声地说："不，弟弟，我上不了纽伦堡艺术学院了，太迟了。看看我的双手，四年的矿场工作，毁了我的手，最近我的右手又患有严重的关节炎，现在连举杯为你庆贺也不能，何况是用钢笔或是笔刷在羊皮纸或帆布上画一些纤细、优美的线条呢？不，弟弟……已经太迟了……"

　　听了哥哥的话，我的心突然揪在一起，鼻子一酸眼泪差点下来，我心如刀绞，怎么会！怎么会！我可怜的哥哥啊，生活怎么如此狠心！这样对待善良的人！**为什么是我，要是学画的是哥哥就好了！**

那天晚上，我彻夜难眠，我走出房间，看见哥哥的房间亮着光，我透过屋门缝隙看到哥哥跪在地上，合起他那粗糙的双手虔诚地祈祷着："主啊！我这双手已无法让我实现艺术梦想，愿您将我的才华与能力加倍赐予我的弟弟吧！"

谢谢你，哥哥！
对不起，哥哥！

我反复说着，全神贯注地看着哥哥那双手，并倾注全心将哥哥历经沧桑的双手画了下来，命名为 **"手"**，后来大家给起了个神圣的名字称为

《祈祷之手》。

我是世界上最幸福的弟弟，他是世界上最伟大的哥哥。

在此我想和同学们说：在你有能力和时间去学习的时候，记得珍惜这一切，因为这是亲人们付出辛苦为你提供的环境。

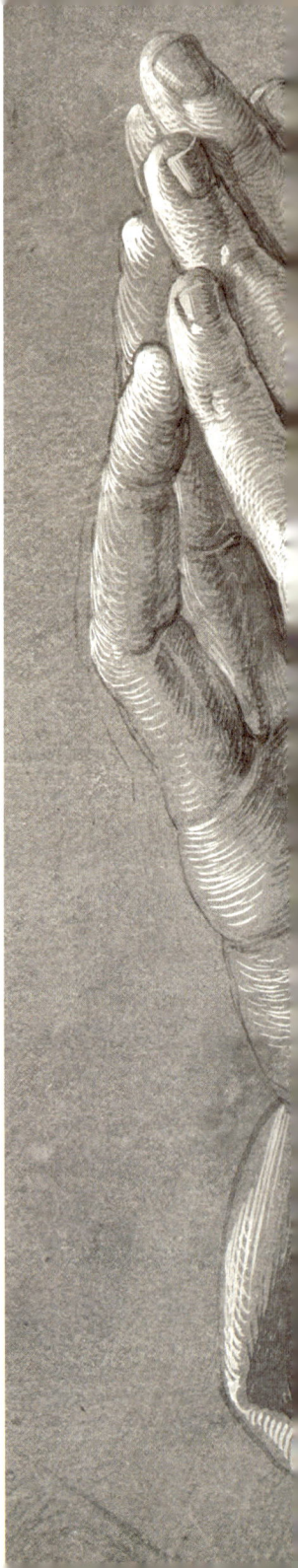

　　我已经是一位成功的艺术家了，自恋的我怎么能不记录下当时的辉煌呢，于是我穿上华贵的服装，又一次开启了古老的自拍模式。为自己画自画像。我可能是欧洲第一个为自己画自画像的画家，在现代那可是引领了时尚潮流。

《自画像》
1498，41cm×52cm
藏于西班牙马德里普拉多博物馆

我用高超的技法创作了蚀版画——

《圣尤斯塔斯》。

你们有没有听说过？有没有？有没有？没有？！好吧……现在知道了也不晚，哈哈哈！

与此同时，在山的那边海的那边又有一个小老弟的大作出炉了，让我不平衡的是，只要学过画画的都叫得出来他大作的名字……哎！真是长江后浪推前浪啊！

我 41 岁就成为马克西米里安大帝的御前画家，那是相当风光。走到哪都前呼后拥，粉丝迷妹一抓一大把。

**3 月 19 日，一个沉痛的日子，这一天
我的母亲离开了我。**

还好在母亲去世的前两个月我为她画
了一幅肖像以至于没有那么遗憾，想她的
时候我可以看看画中的她。

我真的很爱很尊敬她，在画的右上角
我提了几句话："这就是我的母亲，1514
年祈祷周前的星期二夜间二时逝世，享
年 63 岁。"

从我的父亲去世两年后，我就把母亲
接到了自己的房子里。她很穷，她的金匠
丈夫什么都没有留给她。从那时起，这位
母亲就整天坐在屋子里，为自己的孩子祈
福。我去看望她的时候，她总是说：

"愿上帝保佑你！"

《母亲肖像》
42cm × 30cm
藏于柏林国家博物馆

我的母亲，她原本是一个美丽、高尚的女子，她 15 岁时嫁给父亲，一共生育了我们 18 个孩子，她一生中经受过瘟疫等各种疾病，忍受着贫穷、窘迫、欺辱、嘲笑、恐惧和苦难，却从来没有任何怨恨。女子本弱，为母则刚，哦我伟大的母亲啊！余生我都怀念您的伟大和恩泽。

母亲去世以后的几年里，虽然我只有 50 多岁，但我的身体开始不太好了，不知道是不是之前几年到处旅行累着了。

开始与病魔斗争，最终病魔战胜了我，就在 1528 年 4 月 6 日我离开了这个世界。

我的妻子 **阿格妮丝，** 我们一起生活了几十年。我那个时期，最伟大的艺术家几乎都是同性恋，还好我对女人有感觉，可惜一直也没有要上孩子。哎……

我的岳父大人可以说是一个全才，开始做过铜匠，对各种手工工艺都极具天赋，后来做过音乐家。他画过很多喷泉设计图，在整个中世纪都非常受欢迎。

再看我老爸，一辈子就只是一名金匠。最大的特长大概就是造孩子吧。

到了我们彩蛋时间啦，还记得刚刚我说的蚀版画《圣尤斯塔斯》吗？与我同年作出巨作的老弟就是大名鼎鼎的

米开朗基罗。

来吧！一起喊出作品名称吧。
大卫！大卫！大卫！~~~

说到米开朗基罗，大家脑海中好像不自觉地跳出了文艺复兴时期的另一位天才——达·芬奇。而我，就被誉为德国的达·芬奇，也被称为欧洲自画像之父。

我还是雕刻家、炼金术师、数学家、机械师、艺术理论家，哲学家、解剖学家、建筑学家……厉害到连我自己都害怕，哈哈哈。

至今，我都被视为德国历史上最伟大的画家，500 多年来，德国人对我的尊崇一直没有任何减退。德国诗人**歌德**曾这样评论我，当大家明白了我的时候，大家就认识了高贵、真实和丰美，只有最伟大的意大利画家，才有和我等量齐观的价值。诗人就是诗人，说得多好啊！多贴切！

大家要记住我哟，我 1471 出生，

我是丢勒。

很多人看我的作品会发现这样一个标记，这个类似于汉字"同"的标记。

这是我自己设计的签名，由我的名字

"Albrecht Dürer"

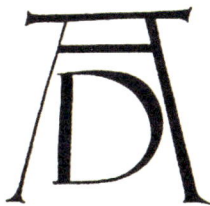

首写字母 A、D 组成的。是不是很炫酷，你记住了吗？

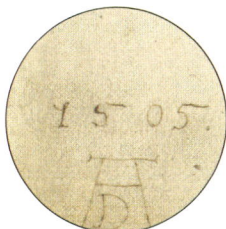

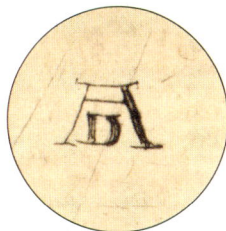

我搞基，我骄傲。
我脾气不好，一言不合就翻脸。
我重口味，爱打架，一生都在打架，
潜逃，打架，潜逃的魔性循环中。
我就是我，仗剑走天涯。

我是卡拉瓦乔

I am
Caravaggio

一般人提到意大利画家，首先想到的，当然是

达·芬奇　**拉斐尔**　**米开朗基罗**

也可能是 **乔托，** 文艺复兴时期的开创者，被誉为 **"欧洲绘画之父"**。

再追问还能想起谁？段位高一些的朋友可能会想到

提香　**波提切利**　**莫迪利亚尼**

但是能想起来我的人恐怕寥寥无几啊，所以我今天必须给大家普及一下，你们不知道谁也要知道我，**我可是个狠角色。**

俗话说得好，人什么样画就什么样，要不怎么总说，要想学做艺，先要学做人呢？学画画的朋友不要向我学习，我这个人，脾气直，鲁汉子，所以我的画风有点重口味，但是没办法，我性格就这样，我就好这口儿。

一起看看刚刚那幅作品：漆黑一片的背景，一道昏暗的灯光，想想置身于这种环境，是不是很多朋友已经不寒而栗啦。

还没完，一个少年左手拿着一把剑，右手提着一个人头，是不是深深感受到了一股诡谲的气息。而全画最大的爆点就是这个被拎起来的人头，画的其实是

我自己。

←

没错，我画了一张别人把我砍了，还提着我的头的作品，别提我多喜欢了，又血腥又暴力，正符合我的口味。你看我长得，多么狂野，奔放不羁。

你如果以为我的重口味只有上面一幅画，那么你就大错特错了。看这幅

《莎乐美和圣约翰的头颅》。

好多导演喜欢在自己电影里面客串个路人什么的，可也没有
见过喜欢客串尸体的，但是我，却有着这么重的口味。

我看似是一个怪人，其实我可是当时罗马最有名的画家，很多贵族和有钱人都以自己能拥有我的画作而骄傲，人们付给我的画酬，是别的画家几十倍呢！确实，看够了各种唯美古典的油画以后，看看我的重口味也是一种调剂。毕竟人人都有一颗闷骚又猎奇的心。

讲到这里，相信不少人好奇，我究竟是怎样一个人呢？

1571年

我出生了。

5岁，米兰爆发瘟疫，没多久，老爸就得瘟疫死了。

13岁，我去一个画家那里学习四年。

18岁，母亲去世。

21岁，惹是生非三十六计走为上计逃到罗马。

和很多北漂的朋友们梦想一样，幻想着红尘做伴，活得潇潇洒洒，策马奔腾，共享人世繁华。

到罗马没多久，我就梦醒时分了，真实的生活是，我寄人篱下，依靠父亲曾经的雇主介绍，在一些人家的客房中留宿。但是我的性格总是和周围人格格不入，每借住一家，就没有欢迎我下次再来的意思了。

此处不留爷，自有留爷处，处处不留爷，爷就

浪迹天涯，四海为家。

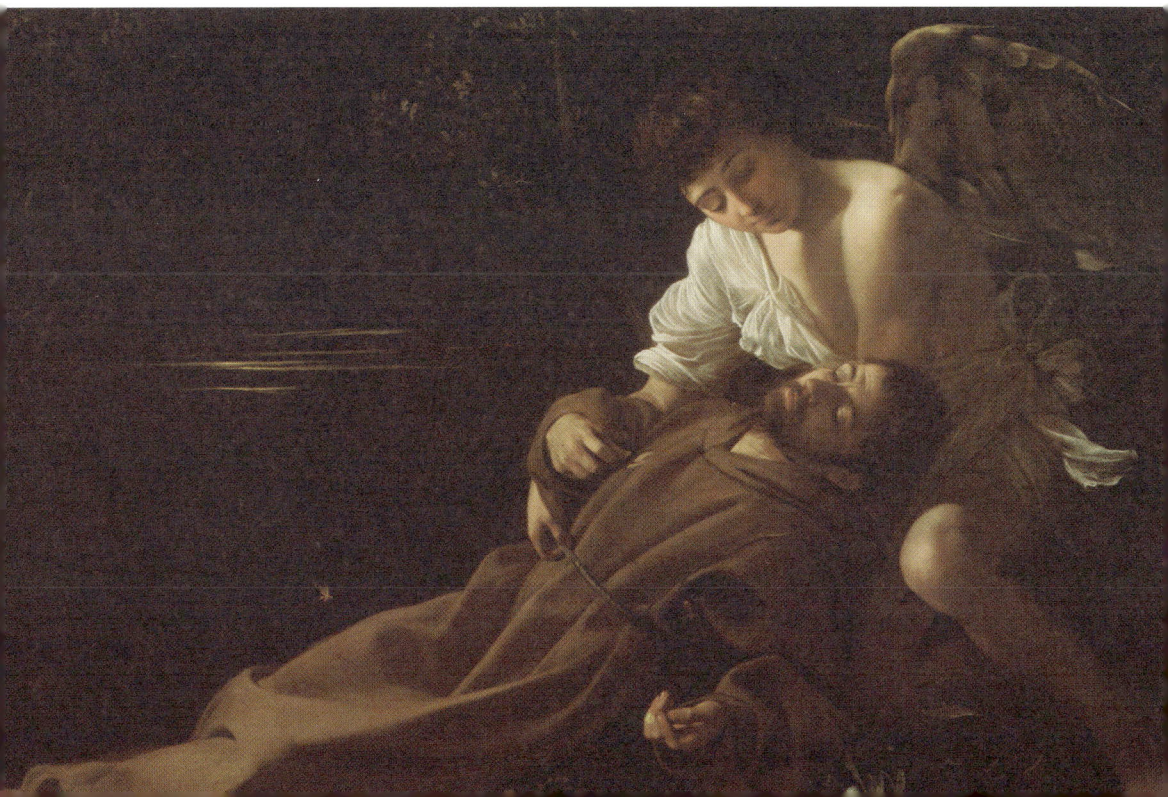

但是话又说回来了，民以食为天，每天要生活呀，得挣钱呀！我再不羁，也要活着才能潇潇洒洒，所以我决定自谋生路，想来想去除了闯祸，也就画画最在行了！那干脆我就画画挣钱吧！

我在大街上给人画肖像寻找出头的机会，后来终于在一个画室里找到了一份正式的工作。哈哈哈！终于苍天不负有心人！**老子就要崭露头角了**！

刚到罗马的时候，我梦想有一天策马奔腾，可惜没有策马，也没有奔腾，有的只是我竟然被马给踢伤了，还住进了一家教堂的医院，而且一住就是大半年。

后来流传说是我和画室老板打了一架，无所谓
啦~反正我和 boss 的关系确实不好。谁让我是个心高气
傲、喜怒无常的人。

有人说我一言不合就撕逼，我觉得欠考虑，因为我
等不到一言不合，我可以无事生非，随时创造撕逼的机
会。毕竟闯祸是我的长项，谁让日常生活太无聊了呢。

当然我那老板也好不到哪里去，在我住院期间，作
为一个老板他一次都没探望过我，虽说是关系不是太
好，但是也 **太没人情味儿** 了吧！

我在这期间画了两张有名的画，画完这两幅画之后，就交给了一个画贩子。真是人生处处有转机，这两幅画被一个红衣主教看到了。这位主教是个有钱的艺术爱好者，同时也是个赌鬼，看到这描绘赌博和算命的画作，自然觉得十分亲切，于是他便和我结为了

好基友。

　　1595 年我搬到了主教大人家中居住，这位主教大人住在一个名叫夫人宫的地方，家里还养了好多艺术家。

　　经历了居无定所，备受压榨的生活之后，我终于过上了好日子，画了一些无忧无虑的画。

　　本大爷策马奔腾的时代终于来了，哈！！

说了好基友这个词，就有必要来谈一个很深刻的话题，也是大家很关注的一点，那就是我到底是不是同性恋？！哎呀，你们这些吃瓜群众真是太八卦了，什么都问。当然是！这年头

不搞基，怎么搞艺术？

这俩是配套的。

《年轻的酒神》
1595，95cm × 85cm
藏于佛罗伦萨乌菲齐美术馆

有人说我天生就是个不安定的人，那必须的呀，我就是脱缰的野马！我每工作几天就挎着剑，出门大摇大摆地闲逛。

当然不惹点儿是非就不是我了，打人，被打，就这样如此晃荡了几个月。当然随着我的名声越大，行为就越猖狂，已经无法低调了。

因为我膨胀啦！

我的名字不停地出现在罗马警察局和法庭的记录中。

每周打场小架，
每月干个大票。

由于这种事儿量太大，就不一一跟你们说了。

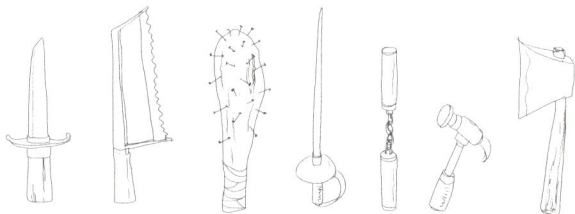

《抱水果篮的孩子》
1593，70cm×67cm
藏于罗马博尔盖塞美术馆

↑
我还有一个公认的好基友，就是画中这名
模特，小鲜肉儿～我想做你怀中的果篮。

按说大家对我都是敬而远之的，嘿，还真有个不怕死的。不知什么时候冒出来一位伪画家，很长一段时间，模仿我的画，而且是拙劣的模仿，表象和形式的模仿，完全没有学到任何精髓，但是教会、贵族、附庸风雅的人们其实并没有多大鉴赏力，所以他混得很好。

真是林子大了什么鸟儿都有！气死我算了！赶明儿找他干一架去！有一年这个模仿我的人接受了一个大家都梦寐以求的大教堂的委托，但他自己没有想到的是，这画一揭幕，就遭到了同行们的谩骂，而且是特别无情的。**这就是报应啊**！

1603年

8月，他向罗马总督提出控告，宣称我从他的《复活》画作揭幕以来，一直诽谤、诋毁他的艺术。因为这事儿，我被逮捕了。真是岂有此理！

抓我？我会在乎这个吗？我把法庭审判当做了表演，当做了陈述自己艺术观点的机会，从头到尾，都没有回答法官的问题，一直在说我认为好的绘画应该是什么样子，好画家有谁谁谁。他就是一个很糟糕的画家。没错，法庭就是舞台，我就是有主角光环的英俊潇洒男主。

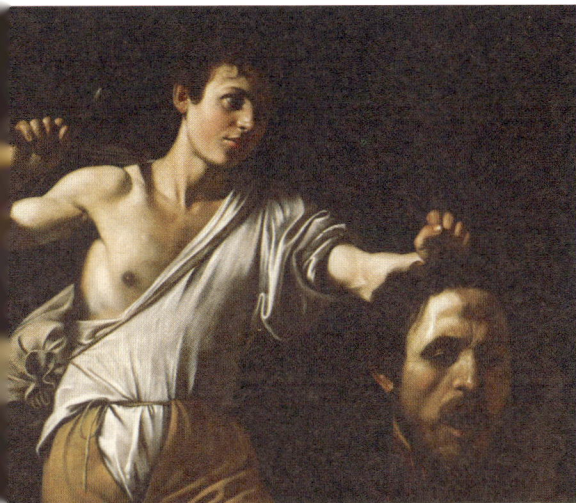

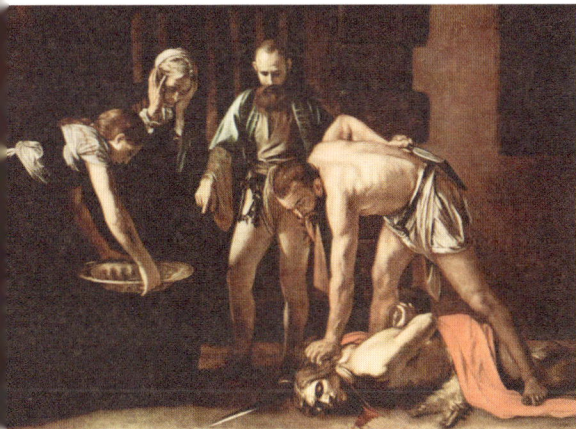

都说同行是冤家，我觉得不准确，就拿我来说吧，

各行各业
都可能是我的冤家。

有一天我在酒馆吃饭，点了个菜，吩咐一半 A 做法，一半 B 做法。菜上来之后，我问，哪个是 A 的？哪个是 B 的？服务员说闻闻就能分清楚，我抄起盘子扔到了服务员脸上。本大爷削你个不知好歹的东西！要是用闻的，老子要你何用？！为此，我又得到了法院的传票。

有一个警察经常找我麻烦，多次抓过我。看到他那张斤斤计较的臭脸我就想吐！

有一对母女说我污蔑了她们。呵呵，真是搞笑，我说话就这风格。

有一个法庭的书记员说自己在散步的时候，有人从后面袭击了自己，他确信袭击者就是我。目击者声称袭击者打完人后跑向了红衣主教家里，也暗示袭击者是我。真逗了，你脑后勺开天眼了是怎么着？还有那个目击者，**你来，我保证不打你**！

还有一天，我和一个人赌球，他赢了，但是我凭什么愿赌服输？！为了体现小爷的实力，这次我们决定不单打独斗，采用约架的方式。约好时间，约好地点，双方各纠集一群人，决一死战。混战之后，他死在了我的刀下。这次完蛋了，我必须逃跑，离开罗马。从此，再也没有回来。

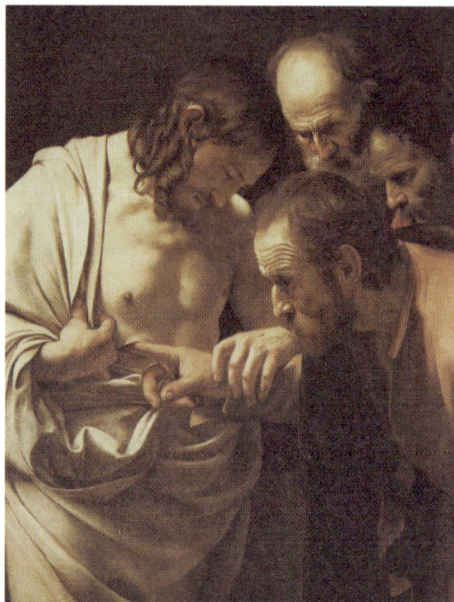

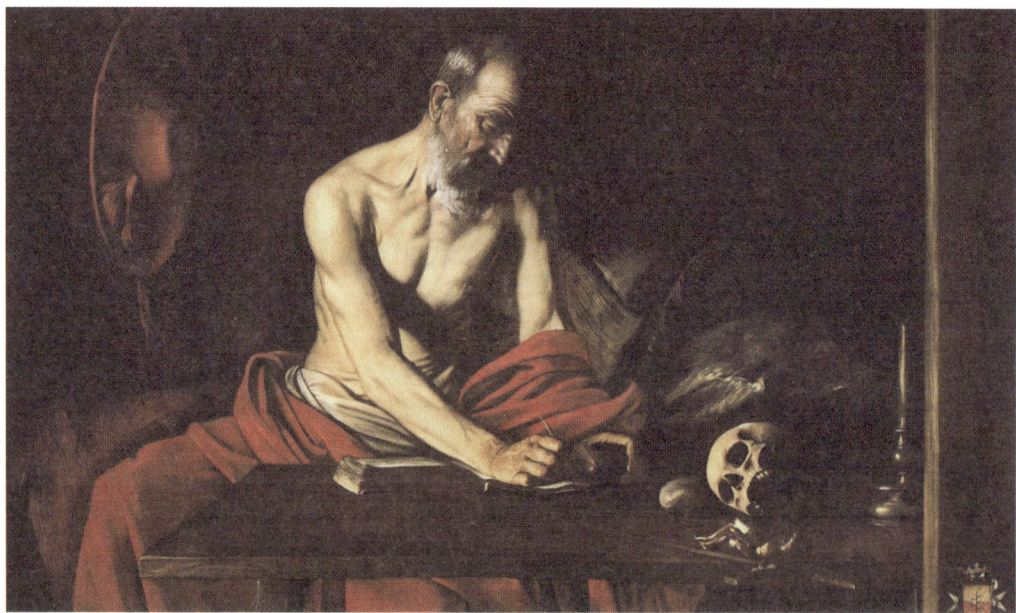

我又过起了四处漂泊的日子，最后晃到了**那不勒斯。** 在那不勒斯，一群不明来历的人袭击了我。最初，罗马传闻"最著名的艺术家"丧生，但后来又获悉我还活着，面部受了重伤。

我离开那不勒斯之后，去了一个叫**马耳他**的地方，马耳他是地中海中部的一个岛国。

那个年代，是由一个隶属于教会的骑士团掌管的，有人说，我去那里，就是想混个骑士当当，我还就真的混上了。因为我会拍马屁呀，我给骑士团团长画了一幅画，那形象，可谓是威风凛凛，帅气逼人呀，他喜欢得不得了，就给我封了一个骑士当。

《骑士长维格纳科特及侍从》
1608，194cm×134cm
藏于法国卢浮宫

我在马耳他不仅当上了骑士，还得到了一条金链子，团长还送了两个奴隶给我。我本应该十分幸福的才对，但是这是一个注定无法安分的灵魂。按照规定，骑士团的所有成员都是兄弟手足，要彼此友爱，严禁打架斗殴。可我就是长了一双看别人不顺眼的神奇眼睛，我是真的爱打架呀！

　　于是我又打了一架，然后就被关了禁闭，这能关住我吗？以为我不会越狱吗？幼稚！还没有什么能困住小爷我！骑士团召开紧急会议，四处捉拿我，都没有找到，而骑士团开会的屋子里面还挂着我几天前才画好的一幅画。真是便宜他们了！

　　就在骑士团四处搜捕我的时候，我已经跑到这里啦。

美丽传说的
西西里

我先去了西西里东海岸的锡拉库萨，又画了几幅画，得到了一些贵族的款待，然后又待烦了。于是跑到了西西里北端的墨西拿，在墨西拿，我创作了非常有名的一幅画——**《拉撒路的复活》。**

当然啦，我创作的过程还是一如既往地彪悍。我找了十几个模特，然后找了一具真的尸体，当做是死去的拉撒路的模特，让他们抬着。但有的抬尸体的模特不配合，抱怨尸体腐烂了有味道。

我的暴脾气又上来了，于是拔出佩剑，砍向他……后果大家懂得。

我就问你怕不怕！

我在墨西拿也没有待太长时间。有人说我经常看街头上男孩子们玩打斗游戏，说我对那些天真无辜的男孩子图谋不轨。我有那么变态吗？！我控制不住心中的怒火，找到了传闲话的人，朝着他脑袋一通猛揍。然后跑到了巴勒莫，混了没多久，便又回到那不勒斯。

后来，我终于得到了特赦，可以返回罗马，于是随身带了几幅画，坐船启程返回罗马。途经托斯卡纳，船停在岸边休息，我被当地警察莫名其妙地扣押了，但是，**我这次真的是什么都没干啊**！

两天后，我被放了出来，来到岸边，却发现船已经开走了。爷带的行李，特别是爷的画，本来是打算带回罗马送给帮助我的人的，都在船上。这时候，爷做了一个疯狂的决定，跑着去追船！

我沿着海岸向北狂奔，赶去下一个港口，追上我坐的船。在追了六十英里，到了一个港口的时候，我不幸染上了疟疾，然后就死在了当地。真真一个大写的惨啊！

没有人知道我的墓葬在哪里，我也没有留下遗言，没有留下子女，更没有留下任何笔记。我只留下了一些画作，还四处散佚。这一年是

1610年。

没有人知道我确切的死亡日期。后来根据推算，把7月18日当做了我的忌日，那一年，我只有39岁，正是能打能杀的年纪。

细数这几十年的风风雨雨，首先感谢我的恩师**彼得扎诺，** 据称他是提香的学生。

罗马的画室老板是**切萨里，** 我诅咒下次被马踢伤的就是你！

说到诅咒，我最不会放过的就是模仿我的那个画家——**巴格里昂，** 来生不要再让我看见你，否则别怪找亮剑。

回头想想我对不起**杜马索尼，** 跟我赌球，我不给钱也就罢了，还亲手了结了他的性命。

我真是个不折不扣的暴力分子，粗鲁人一个，但是我的画作细腻啊。我是意大利著名画家，在世时就名声显赫。我的绘画方式直接影响了巴拉克艺术。

但是我去世后，人们却渐渐地遗忘了我，还在数十年里，将我归结为引人反感的艺术家。原因归咎于**巴廖内**和**贝洛里**这两个最早的传记作家。巴廖内是一个与我有私仇的画家，恨不得我永远在大家的记忆中消失。贝洛里则是17世纪有影响力的批评家，贝洛里不熟悉我，但就是讨厌我的作品。

19世纪，画评家再次把我的名字带到了公众的视线里，他们这样说道：没有我就没有里贝拉、弗美尔、拉·图尔和伦勃朗。没有我，德拉克洛瓦、库尔贝和马奈将完全是另外一个样子。除了米开朗基罗，没有任何一个意大利画家有如此大的影响。

英国导演德瑞克·贾曼以我的传奇人生为题材，拍了一部与我同名的电影——**《卡拉瓦乔》**。

你们都给小爷好好地去欣赏！

我一生放浪不羁爱自由，专注作死三十载。大家千万不要向我学习，天道好轮回，苍天饶过谁！不作死就不会死。切记！切记！

我是卡拉瓦乔。

我发过财，
我破过产。
我曾一画成名，
我又因为一幅画，一败涂地。
我从腰缠万贯到穷困潦倒！

我是伦勃朗

I am
Rembrandt

你知道"自拍控"的祖师爷是谁吗？

在我的绘画生涯中，被你们发现的自画像就有近100幅！没发现的我自己都不知道还有多少。

我从21岁足足画到去世，就像记日记一样，这种执著你们谁比得了？更有理论家计算过，说我每年平均画两幅自画像，绝对是当年的自拍狂魔！

从充满理想的青年到落魄潦倒的晚年，我一直在用绘画的形式记录诉说。不知道你们能不能从我脸上看到时间留下的印记。

我沉醉其中，我可以扮演各种角色：倔强的青年、中产阶级好市民、武装骑士、穿着艳丽的东方服装的怪人、快活的饮宴者、圣徒与贤哲，等等。

在我的笔下，我可以是任何人，任何职业。就好像现在你们爱用的拍照软件中，会提供各种场景把你打扮成各种人物一样。想想我还真是引领潮流。

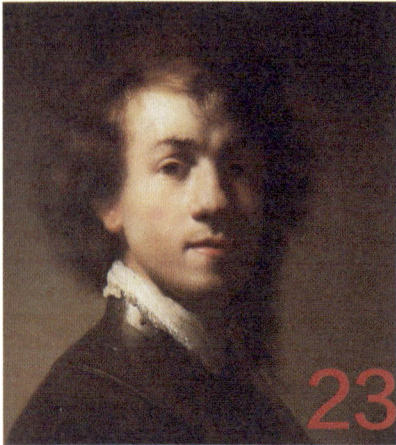
23岁

28岁

34岁

54岁

55岁

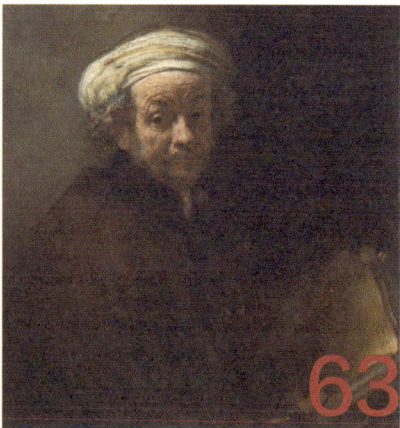
63岁

想要了解我的，看看我的画就知道。

23 岁。从此画中就能感觉到那时的我，正是意气风发，绝对是小鲜肉一枚。

28 岁。看穿戴就知道，我生活优裕，真是想不尽的荣华富贵。

1640 年，我 34 岁。我爱用朦胧的黑作为背景颜色。这种色调，总是能把人渲染得很典雅，更重要的是，更加突出了画面中的人。偷偷告诉你们，纯色的背景能更加烘托出你们的美呦！因为除了人没别的可看了，嘻嘻。

1660 年，我 54 岁。此时的我生活潦倒。画中身体虚弱、神情悲凉，一副逆来顺受的老人形象。一点也不像 50 多岁的人。因为贫穷，所以我衰老得异常迅速，前半生的我是多么风光无限好，但是人过中年我却落得如此境地。这种贫富落差简直摧残身心，早知如此，还不如让我从来没享受过富裕。

1661 年，我 55 岁。这幅画仿佛像是灵魂跳脱出自我的最后审视。中国老话说，三十而立，四十而不惑，五十而知天命。如今我已然抵抗不过命运，我学会了逆来顺受，我接受了我的贫穷，我内心要平静下来。

1669 年，这一年，我 63 岁了。耳顺之年的到来，伴随着我生命的油尽灯枯。从我的眼神中，你可以看得出，我早已没有 20 岁的意气风发，此时的我，是一个饱经人间苦难的老人，离开这个世界前苍凉地一瞥……

很多人了解了我这一生，都深深地叹了一口气，是惋惜？或是同情？总之一个大些的"哎"字，其实我的前半生过得还是挺顺心的。

灯光从斜上方45度角向下照射

我出生在荷兰莱顿一个相当富裕的家庭，是名副其实的富二代，我是9个孩子中最小的，也是他们当中最聪明的。最小又最聪明，一定是集万千宠爱于一身啊。这时候我每天都在享受生活。

14岁进入了莱顿大学法律系。可是，我对法律一点兴趣也没有，我喜欢画画，所以我选择退学并转向了一直热爱的绘画。从此点亮了我的艺术人生：15岁学画；19岁出师；22岁收徒；26岁出名；我就问你们帅不帅！大家一定要记住，入行要趁早，出名更要趁早啊！

我能有今天的成绩要感谢我的老师，他曾受 **卡拉瓦乔** 的影响，所以那时我的自画像中可以看到卡拉瓦乔作品中的那种好莱坞式的灯光特效。

从老师那里学成回来，正是意气风发的时期，对一切充满希望。

1631年

我离开莱顿去阿姆斯特丹。26 岁时，我创作的油画群像《丢尔普医生的解剖学课》使我一举成名，此后一年之中，完成了近五十件订货。贵族们纷纷成为我的忠实粉丝，认定我是个出类拔萃的画家。我收获了名誉和金钱，尊重和地位。生活真是好不快活啊！

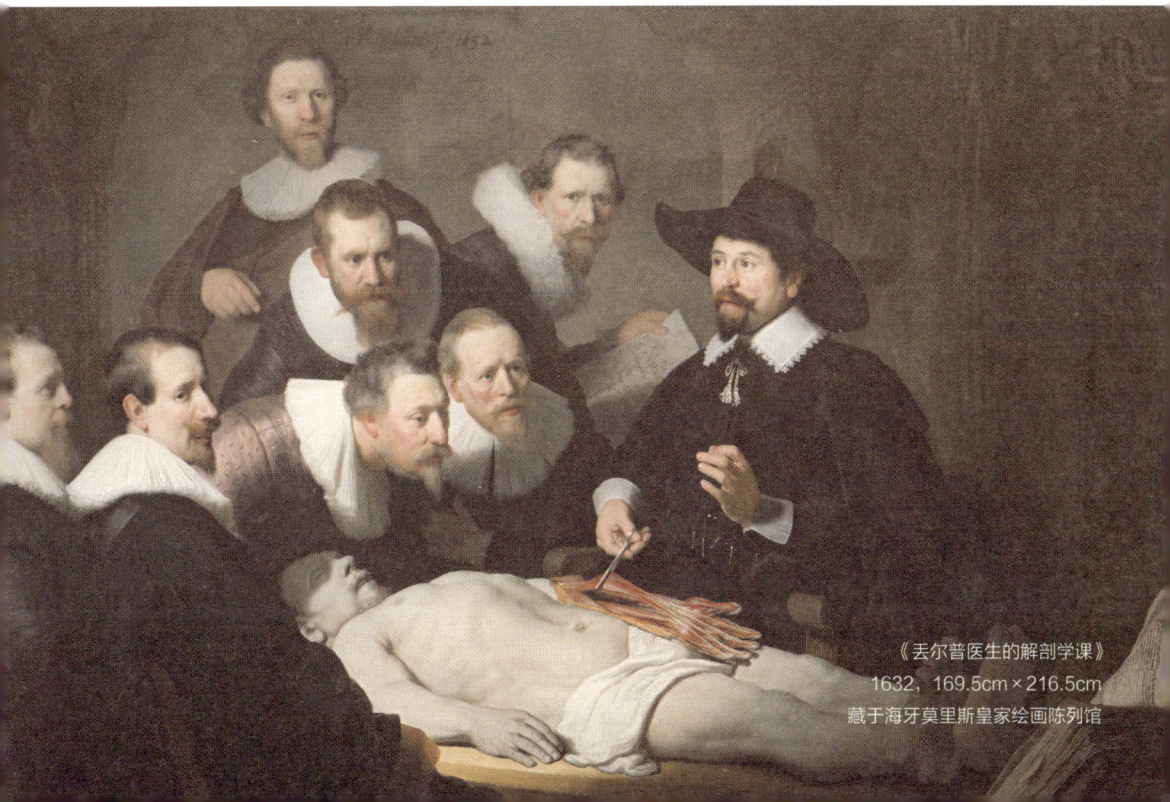

《丢尔普医生的解剖学课》
1632，169.5cm×216.5cm
藏于海牙莫里斯皇家绘画陈列馆

28 岁的我与画商朋友的侄女结婚了，新娘的家庭相当富有，真是王子加公主的完美组合。门当户对，郎才女貌。我们贷款买了一栋豪宅，过起了没羞没臊的生活。

此时，我还画了一幅

《浪子在酒馆》

描述耶稣所讲的故事中浪子的糜烂生活。

评论家们说我显然是个叛逆者。一般画家如果要画自己，都会选择优美，或是肃穆的场景。只有我把自己画成浪荡子，高举酒杯，怀抱娇妻，一副放浪形骸、纵欲无度的情态。

我不善于理财，不会量入为出。今朝有酒今朝醉。早知道下半辈子会穷困，一定在年轻的时候多攒点钱啊！在这段"人生得意须尽欢"的日子里，我还沾染上了收藏古董的癖好，收藏水很深啊。一入收藏深似海，真心跟大家说一声，收藏投资需谨慎啊！说不好哪天，不知不觉钱就没了。**我左手荣誉，右手金钱，环抱娇妻，穿金戴银。**

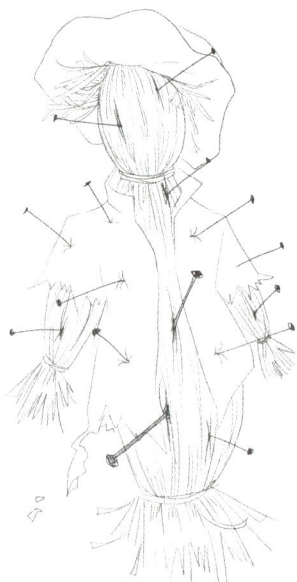

我知道，物极必反。

一切事务到达一个巅峰之后，

一定会回落。

但是，

没想到我的回落
这么猛烈！

《夜巡》
1642，363cm×437cm
藏于荷兰阿姆斯特丹美术馆

　　一个连长和十几个手下民兵每人出了 100 盾请我画一幅集体像。集体像是我的拿手绝活啊。我没有像当时江湖流行的那种构图一样，把这十多个人都摆放在宴会桌前，画出一幅呆板的画像，那太俗了。

　　于是我自己设计了一个场景，仿佛这些人接到了出巡的命令，各自在做着准备。这幅画采用强烈的明暗对比画法，用光线塑造形体，画面层次丰富，富有戏剧性。从任何地方来看，都是一幅绝对的杰作。要比那种一排人坐在餐桌前，中间坐个大哥，两手一摊说句话那种作品巧妙多了，有没有！

　　我满心欢喜地把作品展示出来的一刻，民兵们气得脸都扭成螺丝钉了，对我吼道："大家都是出了 100 盾，凭什么有人站前面有人站后面！"

　　你们这些土鳖真是土到家了。一群不懂艺术的大老粗！

　　民兵们要求画家重新画一幅肖像。可是出于一个画家的艺术感，出于坚持自己的艺术主张和创作方法，我怎么可能重画。这件事情闹得整个阿姆斯特丹沸沸扬扬，打这以后，就再也没有人找我来画集体肖像了。

那幅给民兵们画的大作，他们扛回去之后，因为太大无法挂在门厅里就自行把周边裁掉，而挂这幅画的大厅是烧泥炭明火取暖的，泥炭的灰在画上落了厚厚一层。以至于 18 世纪的时候大家给我这幅画取了个名字叫**《夜巡》**，但是我不得不说，你们这群白痴，我这幅画明明画的是**白天!**

但是我却开始了漫长的水逆，上一年我的母亲去世，随后，三个孩子也前后夭折。更悲惨的是，这一年，与我生活八年的妻子在为我生下一个儿子后，也撒手人寰了。

这无疑是雪上加霜，妻子知道我花钱从不规划，她考虑到幼子的未来，所以留下了一封遗书，把自己全部的财产都留给儿子，而我只要不结婚，也可有自由支配一定数额财产的权利……**真是煞费苦心啊。**

没有订单的我，生活状况越来越差，还要面临着每个月还房贷的生活压力，我从富人变成了房奴，甚至面临破产。

孤独的我十年后最终和女仆住在了一起，她是一位没文化的年轻村妇，但是对儿子的照顾非常精心，为了感谢她我便将亡妻留下的宝石送给了她，但我并未真心爱她。我爱的女人只有我的妻子。她是我的唯一。

不久，她催促与我结婚，我却并无此意，她便使出一哭二闹三上吊的把戏，令我逐渐对她难以忍受。这女人吧，真不能太作了。作的程度一旦超过颜值，就离死不远了。这时，身心俱疲的我结识了一位比我小 20 岁的姑娘，这是个善良的姑娘，于是我决定将那个女仆赶出家门。

恼怒的女仆心有不甘，便告我不履行婚约，并将我告上法庭，还无耻地向法庭出示了我送她的宝石，并以此作为婚约证明。结果，这场官司以这个女人获胜而宣告结束，我不得不支付给她高额的赡养费和养老金，这对我来说，无疑是残酷的判决。

这丧心病狂的女人！
得不到我就毁了我！

我遭受了重重打击和挫折后，很少画画了，在那个年轻善良的姑娘支持下，我渐渐地又恢复了创作。然而，如果我再婚的话，就不能继承死去妻子所留下的遗产，因而为债款所困的我，无法正式娶那个姑娘为妻。

尽管如此，她还为我生了一个可爱的女儿，不料这又以婚姻的"不合法"而受到教会的审问和处分。我怎么老是撞在教会的枪口上呢。

这下子整个阿姆斯特丹都兴奋了，看热闹不闲事大，他们认为这是一个丑闻，这是一种通奸；尤其整个小市民阶层陷入了一个有机会对高贵的灵魂泼脏水而兴奋的境地，每个人都在看好戏，每个人都在对我进行嘲笑，而加尔文教派的牧师也开始谴责她，这下一场更猛烈的风暴爆发了。

人民群众总是这样，跟风乱倒，也不知道真相是啥，先闹大了再说，反正不关他的事。但是关我的事啊！你们这样不负责任地瞎闹，让我的日子很难过啊！

不久，我被宣告为无力偿还债务，致使房产及所有珍藏的艺术品被没收拍卖。我彻底破产了。再也没有人上门请我来作画了，只有各种债主开始上门讨债。**我的生活从此陷入了困顿之中。**

原以为命运对我的捉弄到此会结束。

怎么也没想到，1663 年我的这位妻子忽然去世，雪上加霜的是，当年唯一幸存的儿子在那年也病死了。白发人送黑发人啊！哭到眼瞎。

1669年

我在贫病中去世，身边只有与年轻姑娘所生下的女儿陪伴，死后葬在西教堂一个无名墓地中。"老年丧子"，这悲哀之情可想而知。

回想我这一生，从荣华富贵到颠沛流离。在生命的最后一刻，我画了遗言式的作品《浪子回头》。

《浪子回头》的故事源于《圣经·新约》的"路加福音"。

曾经有一户人家的小儿子，年轻不懂事，对父亲说："父亲大人，请把我应得的家产提前赠予我吧！"父亲由于疼惜小儿子，就提前分了家产。

过了没几天，拿到家产的小儿子便离家出走，去过逍遥自在、挥金如土的日子了。但是好景不长，因小儿子平日里肆意挥霍，很快就耗尽了钱财，加之祸不单行，那地方又遭了饥荒。小儿子一下从天堂坠入地狱，于是只能投靠当地的一个人。那人派小儿子去田里放猪，小儿子饿极了，恨不得吃了猪的饲料充饥，过得跟乞丐一样。

在这样的困苦境地中，小儿子想起家乡的美好生活，又想起了他那慈爱的老父亲。于是幡然悔悟，世上只有爸爸好，有爸的孩子像块宝。小儿子一刻不停地飞奔回家，去找他的老父亲。

儿子跪在父亲面前忏悔："父亲，我对不起你，对不起上天，我受到了上天给的惩罚，我知道我不配做您的儿子。我不求您原谅我！我请求您责罚我，这样我的心里会好受一些。"说完泪流满面。

这位伟大的父亲，并没有抛弃他的儿子，他吩咐仆人拿出上好的袍子给小儿子穿，把自己的戒指戴在儿子的手上，把鞋穿在他脚上，慈悲地说："孩子，你确实错了。但是你悔悟了，你明白了。你回来吧，日后你一定要重新做人，如此我便欣慰了。人一生都会犯错，重要的是能否及时回头，这是千金买不来的。既然你能回来并且懂得忏悔，我就没什么好责怪你的。以后我们还是一家人。"

《浪子回头》
1666—1668，262cm×205cm
藏于俄罗斯圣彼得堡艾米塔什博物馆

多么感人的故事，我当时被感动得一塌糊涂。现在的你可能觉得没什么，因为现在大多数的父母对孩子都溺爱。但是，要考虑到当时的社会背景，作为一个犹太人，这样忤逆不孝的孩子是没资格再进家门的！不仅如此，还要在全体族人的见证下，掷一个象征家庭的盆，摔得粉碎，表明覆水难收，关系决裂。**这么看来这位父亲的思想境界还真不是一般的高**！

受到这个故事的启发，我觉得感同身受，我用心描绘画中的每个细节，画中的小儿子，衣衫褴褛，破烂不堪，没有腰带，用麻绳代替，脚上的鞋子恐怕都是从哪个垃圾堆里捡回来的。脸上黄澄澄的，眼睛也是肿的，也许是因为悔恨的泪。他跪在父亲面前，请求父亲的原谅。

画面中父亲的那双手是全幅画的焦点。父亲的左手粗大、有力，手指伸开，紧扶着儿子的肩膀，象征着父亲的关爱；右手细致、温柔，手指并拢，象征着母亲的关爱。他的眼睛有些浑浊，并没有直视儿子，也许是思念过度，变得昏花不清？

从《浪子回头》里面，希望你们可以看到我的自省，我感觉自己一无所有，只能以浪子的心情俯伏在父亲脚前，接受父爱的抚摸。

画完这幅作品，我已经 62 岁了。我一生留下 600 多幅油画，300 多幅蚀版画，2000 多幅素描，100 多幅自画像，而且几乎我所有的家人都在画中出现过。

我的第一个妻子是 **沙斯姬亚**。妻子去世后很多年，我依然用她的形象绘制 **《扮作花神的沙斯姬亚》**，我要把妻子的生命永远留存在画布上，让人永远记住她的年轻美貌。

《扮作花神的沙斯姬亚》
1634，101cm×125cm
藏于圣彼得堡冬宫博物馆

我们唯一幸存的孩子**泰塔斯，**从他出生后妻子便卧病不起。为了让妻子了解外面的世界，我又开始描绘外面的景色，例如：村外的水草小屋、沐浴着灿烂阳光的树木、流动的运河景致……

那个该死的女仆是**云尔茨，**从法院出来以后，我们俩之间只剩下仇恨了。

年轻善良的姑娘是**韩德瑞克，**如果我晚年还有唯一那么一丝丝幸福感，就是她为我生下了一个女儿。我像描绘沙斯姬亚一般，开始以韩德瑞克为模特儿，也许此刻的我心中已恢复些安宁。当她怀有身孕时，仍主动泡进冷水中，做出我希望的姿态，在《浴女》中的韩德瑞克，令人感受到她那温厚的品性。

我的老师是**拉斯特曼，**我是他最优秀的学生。

论艺术成就，我与同时期德国画家**鲁本斯，**西班牙画家**委拉斯贵支**可以并称为欧洲画坛三颗巨星，可他们俩生前享尽艺术名望所带来的富贵荣华，死时举国震悼。

《浴女》
1654，61.8cm×47cm
藏于英国国家美术馆

而我在死后两个世纪，我几乎被人完全遗忘。直到19 世纪中期，法国浪漫主义大师 **德拉克洛瓦** 才重新发现我，并预言，总有一天，我会名列在 **拉斐尔** 之上。

不到 50 年，他的预言竟然成为事实！

我经历过人生的辉煌，也品尝过命运的痛苦。

我真挚地爱过，也痛过，留恋过，也放弃过。受万人敬仰风光一时，也穷困落魄至不可说。

这一生我最大的执念，大概就是画画吧。只有画画这件事，贯穿我的一生，无论生活怎么样，画画这件事，我做得最好。大概这一生，我只做好了这一件事。但就是这一件事，今日我才能被你读到，被纪念，被欣赏。

很高兴认识你。

我是伦勃朗。

我生来就是农民。
我祖母教育我说："你要遵循神的旨意，
过俭朴的生活。"
我成为法国近代最受欢迎的画家；
我的超级铁粉丝凡·高总模仿我的作品；
我没有钱，穷到没法画画。

我是米勒

I am Millet

我的人生概括成两个字：

我应该是画家中最穷苦潦倒的了。

上午我要耕作，靠刈草、晒谷、犁地、播种……来维持生活，下午才可以画画。手中几乎没有闲钱，有一点点就换些颜料画布作画。

我用好几张素描去换一双鞋子穿，还曾为接生婆画招牌来换点钱，为了迎合资本家的感官刺激，我还画过庸俗低级的裸女，生活不容易啊，为了生存也真是拼了老脸了。

Millet

我几乎就成为了农民生活的代言人。中国有陶渊明，法国有我。

我很安于这样的生活，中国有个词叫安贫乐道，以现代人的生存物质观念来看，这种观念好像不符合当下。但是，贫穷中所独有的幸福，是其他物质状态下所不具备的，这时我绝不会想到出名的问题。平凡给我机会，让我心静，让我思考，让我享受生活。

出名太喧嚣，
我还没准备好。

你们问我为什么会这么穷？这还要从我的出身说起。

1814 年

我出生在法国诺曼底半岛，那里有个叫格律希的村子，家里祖祖辈辈都是农民，所以我理所当然地成为了一个农民的儿子。你们从我的画就能看出，描绘的大部分是农民的淳朴和勤劳，所以我也亲切地被大家叫做

"农民画家"。

在 20 岁之前我一直都在帮助父亲种地放羊。但在幼年时便显露出绘画的天赋，我会在干农活的间隙，随便找个树枝，就可以在地上画起来，画我从祖母那里听来的《圣经》里的故事。

祖母总教育我说："你要遵循神的旨意，过俭朴的生活。"这句话像一句座右铭一样，伴随着我一生，时不时在耳边萦绕。

虽然我没有受过任何正规美术训练，但我的炭笔素描画惊艳了村子里所有人，感谢父老乡亲们一直鼓舞着我和我那一贫如洗的家。不然我可能也不会那么坚定地想学习绘画。

终于，父亲被打动了，他带我来到希尔堡，找到了当地最著名的画家。

这么看来我的父亲绝对是位开明的父亲，他没有让我做一辈子的农民。我父亲虽然是个农民，但他也是个有梦想、有艺术素养的人，他喜欢音乐，并指挥着一个乡村合唱队，时不时还搞些小雕塑玩玩，在我们村可算是才子了。

我的母亲出生在一个较富裕的农民家里，她受过良好的教育，很有修养，绝不是张口很粗鲁的那种妇女。所以我想说，家庭的教养和劳动的经历对孩子的成长至关重要啊！很感谢他们培养出了我朴实坚毅的性格，也决定了我以后的审美取向。

咱们再说回来哈，提到我的老师，他更是我的恩人。当时我穿着木鞋，衣衫褴褛地出现在他面前，在他看到我的作品后，他竟毫不犹豫地收下了我这名学生。

老师并不富裕，但还是愿意将我留在他家中包吃包住，将毕生所学倾囊相授。真是生命中的贵人啊！我能有今天全部是他给我的支持和鼓励。

尽管现在很少有人再关注他和他的作品，但我会永远记住他，我的启蒙老师

摩西。

经过老师的推荐，我参加了希尔堡的一次素描大赛。不出老师所料，我夺得了

第一名，　而这成了希尔堡市美术界的一个传奇。

我的天呐，我自己也没想到。惊喜来得太突然我一时有些不知所措。

1831年

我曾无师自通地画了一幅大画

《看守羊群的牧羊人》。

通过画面看得出我对生活的观察和热爱，以及我极高的绘画天赋，虽然画面有些地方看上去有点稚嫩，可是别忘了，那年我只有17岁。

好多人说素描是画画的基础，又有好多人站出来批判说不是。

我觉得不管是不是基础，只要画了就有好处。

◀ 再来个素描版的

后来我进入画家**朗格鲁**画室学画。1837 年在朗格鲁的推荐下，我获瑟堡市政府 600 法郎奖金而进入巴黎一所美术学校深造。

同年又成为当时巴黎著名画家**德拉罗什**的学生，他算得上法国历史画中自然主义的创始人，曾为巴黎美术学院圆形讲堂画过一幅巨型肖像壁画

《大艺术家们的集会》。

但我是一个质朴而腼腆的人，所以尽管内心里并不喜欢但表面上还是接受了。我的性格就是这样的，比较内敛，也没什么棱角，和很多个性强烈的艺术家不同，

◀ 图片放小一点，虽然这幅画很壮观，但是我不喜欢。
我不喜欢学院派的那一套东西，觉得这些是装腔作态的东西。

⬆ 那会看名作，就是那么便利！

我喜欢大家和和美美相亲相爱，没有事就是最好的事。

大家一定觉得作为艺术家的我太过平凡的存在，我觉得这再好不过了，就像我热爱的乡间生活一样，朴实无华，勤勤恳恳。

看起来生活很滋润是不是？可为了生活我不得不去画一些当时很受欢迎的**布歇风格**的作品。

这使我非常不爽，人家只想认认真真画农民，为什么要画香艳美女……我的内心其实是拒绝的。

甚至我这种风格的画还在 1848 年的沙龙展出了。真是大写的尴尬，那感觉就像最不想让人发现的事情，结果全世界都看到了。而且大家还就好这口儿，真是让我无奈啊！

可能很多人好奇什么是布歇风格?

如果你看见画里面动不动就来个肉肉的屁股，大大的乳房，嫩嫩的肌肤，天上再飘个丘比特，那么八成这是布歇画的。概括地说就四个字**"甜腻性感"**。

布歇 在此，我仿佛听见有个农民在背后黑我，我的画怎么了？我曾任法国美术院院长、皇家首席画师。你呢！

咱们接着聊啊，请别看本页这三幅画**辣眼睛**

就是因为我画了上面那种画，有人说我只会画这种低俗的作品。算了，但这也是幸运的，作品的入选，多少给我和家人带来了一丝希望。然而微薄的收入并不能让我和妻子**波丽娜**吃上饱饭，我们连取暖的木材都买不起。我们经常围着炉子瑟瑟发抖。

在巴黎的一个寒冬，本来就体质虚弱的妻子在我怀里咽下了最后一口气……那年我30岁。

这个曾承诺与我同甘共苦、不离不弃的淳朴女子就这样丢下了我和孩子们。我绝望了，上帝为什么要这样对我，我只是个想简单画画一辈子的人，世界为什么要对我这么残忍！我不想要大富大贵，我只想过我的小日子，跟老婆孩子在一起，种种地画画画儿。我的愿望如此简单，竟然都实现不了。

那个时候我感觉就是矛盾的个体，一方面我讨厌自己的现状，身为一个男人把日子过成这副模样真是失败极了，我自己贫穷饥饿不可怕，但要让妻子和孩子一直在跟我受苦，真是愧对他们，可关键是我压根不知道怎么改变这种现状！

谁来教教我？！我该做点什么？！我该怎么办？！

我强忍着让自己冷静，我还有孩子，还有祖母，还有母亲，他们还需要我，我要振作。

而在此时，我生命中第二个女人，一个比我小 12 岁的农家女孩 **卡特琳娜**
走进了我的生活，成为了我的第二任妻子，也是她为我的余生带来了无尽的陪伴、温暖与爱。

因为她的到来，我又成为了富足的人，我的世界再次完整。

我就知道上帝不会那么狠心。

我带着妻子孩子再次踏上了全世界的艺术中心：

巴黎。

来到巴黎，我们并没有过上轻松富足的生活：**高昂的生活成本**，三个月没有卖出一幅画，看着嗷嗷待哺的五个孩子……

这一切的现实重担让我不得不廉价卖掉自己的心血作品，不得不再画一些低俗但又被社会热捧的裸女画。

终于，我再也受不了这种吃不到面包的贫穷和画这些低俗的东西，我想到一个距离巴黎60公里的地方

巴比松。

是的，你没看错，就是那个在欧洲美术史上名声卓越的"巴比松画派"的巴比松村。那里有和家乡一样的麦田，有自由而轻松的氛围。还有一群爱画画的小伙伴。

最重要的是，那里没有巴黎灯红酒绿的堕落，也没有枪炮齐鸣的革命，有的只是大自然的馈赠，和内心的满足。

巴比松很小，没有邮局，没有学校，没有商店，没有旅店。

但这里随处可见衣衫褴褛的画家，有像家乡的乡亲们一样质朴而勤劳的农民，有那幽静美丽的森林。

我们找了一间小屋，开垦了一片田地，重建了家园。这片土地给了我希望，也给了我源源不断的创作灵感。

陶渊明有他的桃花源，我有我的小田园。

我每天上午都要下地干活维持生计，下午才拾起画笔，以致村民误以为我在巴黎闯下祸端，来此是为了避祸的。

我在寒冷的日子里，衣着单薄，腹中无食，在没有炉火的屋中瑟瑟发抖，不得不依靠慈善的救济才能生活。尽管如此，我还是做了点事情的。

1850年

我完成了一幅杰作——

《播种者》。

当这幅作品在巴黎展出时，看惯了美女、神仙的观众勃然大怒，叫喊着

"让画坛驱逐粗野的农民！"

《拾穗者》
1850，101cm×82.5cm
美国波士顿美术馆

但是无论如何，我都知道农民是我最适合的题材，所以这两年，我连续画了各种我生命中最为重要的作品。其中我最喜欢的是这幅

《晚钟》。

《晚钟》
1859，55.5cm×66cm
藏于巴黎奥赛美术馆

这是一幅扣人心弦的作品，夕阳西下，两个农民劳动结束了，他们的工具只是一把铁叉，一辆小车和一个篮子。这一天的劳动只是收获的两小袋马铃薯。

这时，远方的教堂响起了钟声，他们习惯性地祷告，感谢上帝给他们的保佑，作品中，不但看见了晚霞下的田野，还能听见远处的钟声。不但看见了两个农民虔诚的姿态，还能看到他们的心灵，**他们是善良的，勤劳的，随遇而安的。**

其实我一生的作品并不是很多，我没有钱买颜料，甚至有时候连素描炭笔也是我用木炭自己烧制的。

在我有限的作品中，要说最著名的，一定是这幅

《拾穗者》。

这幅作品里表现三位农民妇女，穿着粗布衣裙，在捡落在地上的麦穗。世界上许多地方都有这个习俗，田地的主人收获之后，要允许妇女儿童捡落在地上的麦穗。据说，如果不允许，第二年会有不好的报应。

每个人看到这幅画都有自己的体会，而我看见的，是这里人的与世无争。

《拾穗者》
1857，83.5cm×111cm
藏于巴黎奥赛博物馆

用辛勤劳作换来生活的宁静，日出与日落间是无声的幸福，很古朴，很典雅。我的画虽然不会动，但是你看到，你自然就会想到，会感受到，和煦的光，粗糙的双手，滚烫的汗珠，丰收的果实，富足的内心。

有一天传来噩耗，远在家乡的母亲病重，我当时脑子一片空白，一门心思地想回家。但我买不起回家的车票……这就意味着见不到我母亲最后一面。我心痛极了，这样的阴阳两隔，对于活着的人是怎样的折磨！

但往往现实就是这么可笑与讽刺。不久，巴黎传来消息，我有幅画以 2000 法郎高价售出，天啊我终于有钱买回家的车票了！但这个好消息来得有点太晚了……有时艺术在金钱和现实面前是那么的无能为力。

之后我的后半生几乎都在巴比松度过，我在那里生活、劳动、创作，画出了一生中最重要的作品。闲时我还与巴比松许多画家来往，和他们交流创作思想。

感谢巴比松，感谢农民的生活，让我体会到了人性中质朴、善良、高贵、永恒，而我，在画布上将这些呈现出来，从而感染了全世界的人。

到了 **1874 年**，我的身体越来越不好也很难再继续创作了。

我的呼吸已经吃力了，最终因肺结核逝于巴比松。

那一年，我 61 岁。

被誉为叛逆画家的我，画摆脱了当时传统绘画主题，在那个只有画宗教、画贵族才有好市场的时期，我只画自己家乡的劳动人民，我认为只有劳动者才是最美的。

《春天》
1868—1873，86cm × 111cm
藏于法国巴黎奥塞美术馆

最朴实的人民才值得我去描绘与赞美，而不是所谓的贵族，和那些教会中的虚有天使。

我们从土地中来，带着泥土的芬芳，我们终将回到土地。

我的灵感起源于土地。

我希望人们谈及我的一生时会说，我是一个很纯朴的画家，我不会想着谄媚市场，不会想着出名，我只想静静地画画，还好，我做到了。

我希望人们看到我作品时会体会到，贫穷不是灾难，我用作品告诉大家，劳动是光荣的，农民的生活是美好的，是恬静的，还好，我也做到了。

我很幸运，在巴比松遇到了一群爱画画的朋友，其中大家比较熟悉的应该是那位与大自然相拥一生的艺术家**柯罗。**

他有句名言："在我的生活中，只有一个梦寐以求的目的，那就是画自然。"

大家称赞我为法国近代史上最受人民爱戴的画家。

我喜欢这个称号，我不在乎我的作品拍出了多高的价格，或者将我的生平演绎出了多少传记轶事，更不在乎我被划入哪个艺术流派。我不需要我有多少头衔，多大资质。

我只希望我就是普普通通的那个自己。

在平凡中，找到幸福的种子，找到生活的真谛，找到高贵的艺术，找到朴素的人民，找到我自己。

我是一位爱画画的农民，

我是米勒。

「我追光，
我描影，
我绘春雨，我画雾霭。
我是开启系列组画形式的艺术家之一。
我的一幅画诞生了一个画派。

我是莫奈 」

I am Monet

⬆ 给大家 20 次机会，猜猜哪个是我

话说在西方艺术领域里，艺术巨匠比比皆是。

曾有个测试：列出脑海中最先闪出的前十名艺术大师名字。很荣幸，我的名字出现在了很多人的列表中，没错，我就是艺术界的**红人大咖**。

1840年

在中国，第一次鸦片战争爆发。

在英国，发行了世界上第一张邮票。

在德国，创办了世界第一家幼儿园。

在美国，总统大选中选出了第9任总统。

在法国，我出生了。

自1840年11月14日起，

世界又多了一位艺术巨星，

那就是本宝宝！

我出生于浪漫之都 **巴黎，** 出生月份落在神秘而性感的天蝎座。

我5岁搬到了 **勒阿弗尔。** 我老爹希望我子承父业，经营家里的杂货店，专注做一个小老板。我的天呐！我可是一位有梦想的五好青年，我怎么可能答应，我要成为不一样的烟火！

于是我立志要做艺术家，逼格与气质并存，情感丰富又才华横溢，做梦都能被自己帅醒。

上学时期，我迷上了漫画，是个不折不扣的动漫迷，和现在的同学们很像，经常上课走神偷看漫画书。于是我画起了属于自己的大鱼海棠。15岁那年，我为自己作品定价是每幅20法郎。超级激动，从此要成为人生的付费玩家，走上人生巅峰了。

这是我的漫画作品，什么是漫画，**"就是画得比你还像你自己"。** 是不是很酷？

还记得那是风和日丽的一天，我漫步在诺曼底的海滩上，踩着柔软细腻的沙子，感受海风夹杂着阳光的温度轻拂我的面庞，我不禁脚下生风渐渐跑起来，夕阳下奔跑的身影，那是我逝去的青春。当我活在当下，享受人生的时候，我遇到了第一位带我一起玩耍的艺术家，我们一起乘着友谊的小船，哼着流行小歌曲儿，让我们荡起双桨，小船儿推开波浪～～

从此起航我的油画之旅。

→ 我的调色盘，我征服世界的秘密武器

↑ 后来我去参观卢浮宫

那个时代参观卢浮宫和现在参观看到的不一样，我们那会看到的全是艺术品，现在参观卢浮宫看到的只有人山人海。你要想看到真迹，就要翻山越岭穿越火线。

而我，可以随身携带着颜料和工具尽情地在空旷的展厅中临摹。旋转跳跃我闭着眼，我努力拗造型与每个艺术品尽情合影，纵享休闲时光。那时去卢浮宫欣赏艺术品简直是大写的幸福，不要太羡慕我。

我那会的卢浮宫 ➡

⬅ 现在的卢浮宫

由于当时的体制，我需要去阿尔及利亚当 7 年兵。你说说这什么破体制！简直搞笑，让艺术家去当兵？！

那不跟让厨子搞科研一样吗？！

唉～但是人始终要在体制内生存。于是我还是不情愿地去了，但是幸运的是，两年后我因为伤寒提前解脱出来，人生唯一一次为自己生病感到欣慰，病得好哇！老子终于可以干想干的事儿了！

之后我愉快地在大学完成了我的艺术课程，但是大学时期我的艺术生涯并没有想象中的一帆风顺。

传统的艺术教育让我觉醒，于是我决定**剑走偏锋**。

我来到了另一位艺术家的画室，认识了一帮爱画画的好基友。我们一起研究一种新的艺术表现手法。简直相见恨晚不亦乐乎！每天都沉浸在幸福中无法自拔。啊，这才是本宝宝应该拥有的人生啊！

1870年

普法战争爆发了，我这么一个小清新的人，不能接受战争的残暴，于是惹不起我还躲不起嘛！所以我不得不去英国避难。

在英国，我看到了一位艺术家的作品，

激发了我对色彩研究方面的创新。

→ 原来英国人是这样画画的，有点意思

这一年，
我结婚了，30岁。

在而立之年结束了黄金单身汪的生活，正式成为有家室的虐狗达人。

我老婆，应该叫我的娇妻，嘻嘻，她芳龄23，貌美如花，性格温柔体贴。我俩简直是天造地设的一对璧人，你是风儿，我是沙，你是春茶，我是开水。

此前我的油画中从来不会有肖像题材，但认识她以后，她成为我画面中唯一的女主角，没错，您的好友炫妻狂魔已上线，单身狗速退散。

我一生只画自己的妻子。对于我来说，人类分为两种，我美丽可爱的老婆，和其他人。好痴情，我都被自己感动了。

◀ 我用画笔记录下蜜月时住的宾馆

146

1874年

　　如果人的一生一定要有几个转折点，那么这年应该是我这辈子中最曲折的一年了。在这一年里我一夜成名，别误会，不是万人瞩目，而是一片嘘声。万万没想到本宝宝的人生竟然有 bug！

　　这年，我和我的 30 多个小伙伴们举办了艺术展。可激动了呢！毕竟人生第一次嘛。我们自封为无名画家、雕塑家、版画家协会，因此，这次展览我们取名叫

"无名艺术家展览会"。

　　多么低调奢华有内涵的名字啊！这个展览瞬间引起了轩然大波，你一定以为好评如潮？毕竟我是如此优秀的宝宝。只能说你 too young too simple，这次展览是骂声一片。

　　尤其那幅 **《日出印象》**。大家一脸莫名其妙，画的是什么东东？这是画的吗？感觉是拿颜料向画布上一泼，这也叫艺术？这要是艺术，我们全家都是艺术家！这叫什么画？画得这么虚无缥缈，还起名日出印象，干脆就叫印象派得了！毕竟我是个德智体美劳全面发展的好青年，为人亲切随和，我愉快地接受了大家对我们的质疑，并且我觉得还不错啊，**那就叫印象派吧。**

　　没想到如此著名的画派竟是这么产生的吧！只能说生活处处是惊喜。

《日出印象》
1872，48cm×63cm
藏于法国巴黎马蒙丹博物馆

什么是印象派？

在西方艺术史中有着各种绘画门派，就跟武侠小说里有各大帮派一样，什么武当呀，峨眉呀，每个门派都有自己的艺术观念。

比如古典主义、浪漫主义、现实主义，以及我们的印象主义，还有后来的表现主义等等。但是总体划分有两个方向。第一是传统绘画，第二是当代绘画。

其实区分二者很简单，传统绘画的主要特点是写实，要再现描绘对象。当代绘画特点是抽象，要表现自我感受，要有本宝宝就是宇宙中心的自我觉悟！

当然，从写实到抽象不是一夜之间就转变过来的。中间有个绘画组织起到了桥梁的作用。那就是我们：印象派。

印象派的发起人不是我，但是要说将印象派发扬光大的人，那非我莫属了。

所以大家称我为：**印象派之父。**

1874年 — 1886年

一共有八次印象派画展。我第五、六次和最后一次都没参加，因为在这三次展览中的作品已经有悖于原来的创作手法。我这么有个性有血性的艺术家，为了坚持信仰，我要反抗，拒绝参加展览。这是我始终如一的坚持印象派信条的表现，也是我在印象派中影响力最大的一个原因。

如今，很多人将我们印象派神秘化，印象派究竟是一种什么

艺术理念？

我们其实一点也不印象，是非常严谨的一种绘画观念。

我们主张真实的表现自然界的光和色，同时表现自己的思想感情。说白了就是淡化造型，加强色彩。用色彩表现我们眼中的世界。世界这么美好，不如画下来。

我再给大家解释一下啊。其实我们虚化的只是造型，所以大家看起来很朦胧，跟下大雾似的，但是我们严谨的是色彩。

我们深刻了解，世间万物其实并没有绝对的颜色。我们能看到颜色是因为光的效果。比如大家觉得树叶是绿色的，那是在大多时间内的印象。

当阳光直接照射在树叶上时，也许树叶是黄色的，那么傍晚照射的时候，树叶有可能是深蓝色的，夜里再看，树叶又是黑色的。为了准确地表达出光和色的变化，我会同时架起很多画架，在不同时间段画同一景象。**本宝宝就是艺高人胆大**！

↓ 象鼻山实景

如果这个时间段没有画完，也不继续画了。等明天的同一时间再继续绘制。假如第二天阴天或者光的感觉不对，那么我再等，直到光源一致后，我再继续刻画。

说我们画画不负责？！说我们是印象？！

打死
你个龟孙！

太阳公公，等等我啊！

↑ 我笔下的象鼻山

我们潇洒中带着严谨，在耍帅的同时，用心感受大自然，感受世界，我们比处女座挑剔多啦，不仅挑剔，还有强迫症，伴随着对艺术的偏执。

看看我笔下的
象鼻山系列

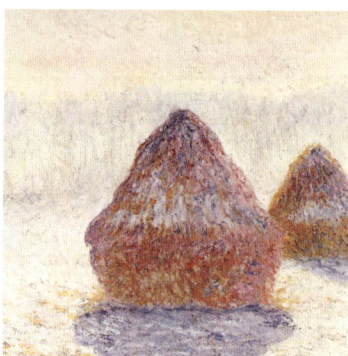

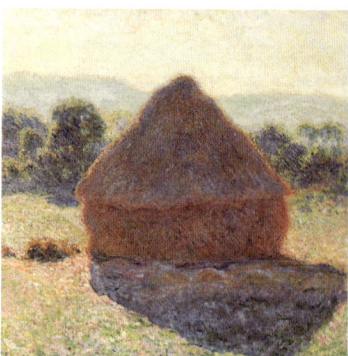

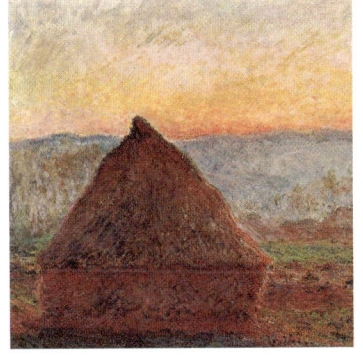

我的一生其实有很多故事，我可是一个有故事的男人。但是我当然不会一次都告诉大家。那样不符合我们天蝎座神秘的气质。

今天，我先选出**两件**和大家聊聊吧。

第一件事是关于
圣·拉扎尔
火车站的

这是巴黎火车站的终点站，也不知道什么时候，我开始喜欢画火车喷出的蒸汽，毕竟每个男人的心里都住着一个长不大的小男孩。但是画来画去，对雾的造型总是不太满意。

于是聪明如我，有一天，我大摇大摆地装作一个有钱又有权的知名艺术家，找到这个火车站站长，忽悠他按着我的要求操控机器，然后我就开始写生。简直佩服我自己呀！人聪明了真是无敌！后来鸡贼的站长打听到我是个无名小卒，立刻翻脸，准备找我来问罪。但是我画画向来几分钟就能搞定，等他找我的时候，我已经带着画具远走高飞了。

第二件事是关于
鲁昂大教堂

🔺 鲁昂大教堂原型

这幅画前前后后画了十几幅，没错本宝宝就是这么厉害！为了表现不同时间阳光下的色彩变化，我在教堂对面租了一间房子，架起 20 个画架，每天 6 点到 7 点在一号画架写生，7 点到 8 点二号画架，真的幸好数学好，脑子灵光，不然早就凌乱了……

总之，时间一变我就不再画手上这幅了。

因为光变了，
色彩就变了。

我们这个艺术理念就是，光变了，绘画就无法进行了。就是这么任性！

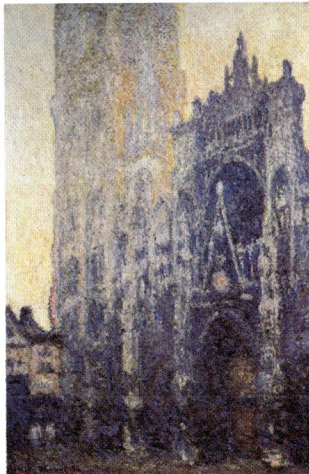

⬆ 我眼中的鲁昂大教堂

　　有一天有位画家朋友来探班，看我作画，画着画着一片浮云遮住了阳光，我便迟迟不动笔。他很诧异，问我等什么呢，我说：**等！太！阳**！我是太阳的后裔，我为太阳代言！

1879年

这一年我的心碎成了八瓣儿，我的妻子因为肺结核去世，留下1岁的次子和12岁的长子。

我站在妻子床前，望着呼吸困难的她，面部颜色越来越苍白……

不知道怎么纪念她，不知道怎么留住她，我用画笔留下了她最后的容颜。

大家发现什么亮点了吗？没错就是右下角我的签名。这是我一生中**唯一带有桃心**的签名作品，满满的爱有没有。

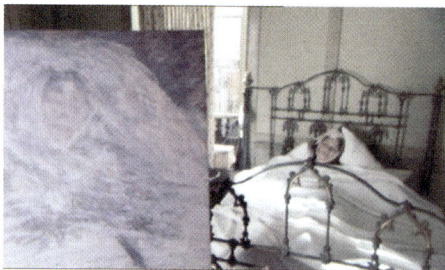

在我事业处于低谷、生活陷入窘迫之际，又有位女人出现在了我身边，照顾我和儿子的起居。

1883年

我和她带着孩子，搬到了塞纳河畔一个名叫吉维尼的小镇上，从此再也没有离开过。也正是在那一时期，我的绘画技法获得了业界的认可，走上人生巅峰，我在巴黎举办了画展。如期而至的，是名与利，是仰慕与追捧，是骄傲与荣光……

然而这一切，都因为缺少我与最爱的人分享而黯然失色，良辰美景奈何天啊！心碎！于是我完全寄情于山水。美人儿不在了，但是世间依然充满了美景啊！毕竟我为太阳代言，我还有责任和使命！

《吉维尼野地里的黄鸢尾》
藏于法国马蒙丹·莫奈美术馆

《撑阳伞的女人》
1886，131cm×88cm
藏于法国巴黎奥赛美术馆

1892年

　　我 52 岁那年，终于与同居多年的那个她结婚了。这次的婚姻和上次不同，更多的是出于责任，闻不到多少爱情的味道。

　　1911 年，我的第二任妻子去世。

　　1914 年，大儿子去世。

　　我的命这么硬吗？感觉自己要活成时代的丰碑了，晚年的我视力急速恶化。真实的表现自然界光和色想必是不可能了，只有表现自己的个人感受了。此时的我几乎每天都在庭院中画池塘里面的**睡莲。**

　　一画就是**数百幅，**睡莲成了我晚年描绘的主题。此后，我再也没有离开过这个主题。我视力越来越差，几乎失明，对于艺术家，没有什么比看不见更可怕的灾难了。再后来，我只得凭颜料管上的标字来区别颜色，作画时要把眼睛凑得很近。

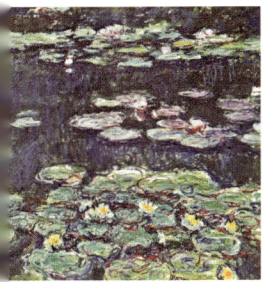

1926年

12月5日我一直画到这一天，终于坚持不住了，我百般不舍地离开了这个世界，但是把光影和色彩永恒地留在了画布上。我虽然离开了，但是我看世界、表现世界的方式，却永远被人记住，并且被传承，被赞美，被铭记。你们这帮人，我活着不好好珍惜我，等我挂了才念我的好！心碎啊。

印象派的兴起，掀开西方现代绘画史新的一页。为后人留下了宝贵的艺术财富。后来的**野兽派、立体派、超现实主义**等艺术流派，都从印象派中汲取过营养。

野兽派绘画

立体派绘画

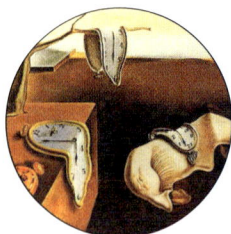

超现实主义绘画

画家往往都是去世后才成名，这话一点也不假。

2014 年 5 月 6 日，在洛克菲勒中心举行的纽约佳士得"印象派及现代艺术晚间拍卖"专场中，一位中国买家通过电话委托方式以 2700 万美元的价格拍走了我的其中一幅 **"睡莲"**。

⬇ 就是这幅！我要和中国人做朋友！

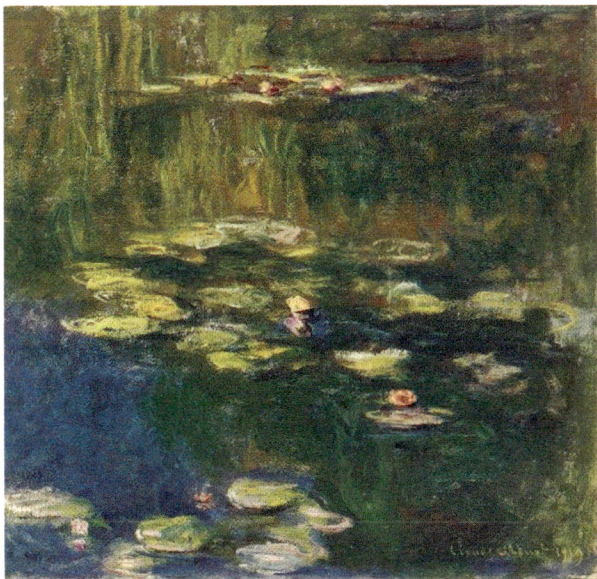

正是印象派的兴起，才有了后印象派的诞生。而他，就是无疯狂不成魔的后印象派巨星

凡·高。

记得我小时候接触到的第一位画家是

布丹。

我

雷诺阿

巴齐耶

大学毕业后，我来到了格莱尔画室。在画室里，由于艺术观念的志同道合，我与 **雷诺阿、巴齐耶** 成为了铁三角。

孔圣人说得好，三人行必有我师，我们形影不离，每天探讨艺术真谛。

我们三个常常出去写生，但有一次很不幸我摔伤了腿，我卧床养伤的时候，可恶的基友巴齐耶竟然把这一幕画了下来。

不过应该感谢他，他经济条件不错，常常在我没钱的时候赞助我，可惜他在 1870 年的普法战争中过早地逝世。替我兄弟惋惜啊！

库尔贝
笔下的象鼻山

介绍到我的小伙伴，还记得我画教堂来探班的那位朋友吗？他就是大名鼎鼎的画家**库尔贝。**

我第一任妻子**卡米耶，**她陪伴我度过最难熬的日子，却没能活到我功成名就的那一天。

我的第二任妻子是**爱丽丝，**她将家里的一切打理得井井有条，让辛苦半生的我，终于有了一个温暖的归宿。

其实爱丽丝之前也有过一段婚姻，她的第一任丈夫名叫**奥舍德，**是个富商，也是我的资助人。然而，正是在我事业处于低谷、生活陷入窘迫之际，奥舍德也破了产，甚至抛家弃子，消失了踪影。

我能在艺术界取得佳绩必须要感谢普法战争期间，我到英国看到的那位大师作品，正是他画面中对光与色的表现，激发了我的色彩表现欲。他是英国最为著名，技艺最为精湛的艺术家之一，在西方艺术史上无可置疑地位于最杰出的风景画家之列。

他超级爱画大海，为海水上不同颜色的反光着迷，这为日后印象派风格的形成奠定了基础。关键是他还很帅，又是一个不靠颜值靠才华的艺术家。

他就是大名鼎鼎的**透纳。**

最后，我要自我介绍了，其实我知道，说到印象派，没有人不认识我。

因为正是我的一幅画，才诞生了这个画派。

我是莫奈。

法国印象派，一位从生到死捕捉光与色的画家。商家把我的作品印在各种生活用品上。丝巾、衣服、书包、被子、笔、本、镜子……将我的画作和故事译成各国语言的画册，摆在书架中最显眼的位置。

最后，我只想说，不管社会怎么变化，无论科技怎么发展，如果我现在还活着，

只要世界上还有光，我就要继续画下去。

哇！！！再一次被自己的才华和底蕴折服。我真的好自恋，哈哈，但是没办法啊，厉害起来我自己都怕！

我爱原始的味道，
我厌恶文明社会。
我爱土著女人健美的身体。
我画出了世界上最贵的油画。
我是一个内心一直住着个孩子的野蛮人。

我是高更

I am **Gauguin**

知道世界上最贵的油画长啥样吗?

是有着逼真的神态? 还是有着惊人的细节? 或者有着感染力的色彩?

应该有着高尚的主题,一定是一幅大格局作品。

比如这幅?

《自由引导人民》德拉克罗瓦
1830, 260cm × 325cm
藏于法国卢浮宫

还是这幅?

《拿破仑一世加冕大典》达维特
1805-1807，610cm×931cm
藏于法国卢浮宫

你完全错!

买画的人是谁？

自称第一强国的美国人？忠于艺术的法国人？还是中国的土豪们？

可能大家都没有想到。这位买家来自卡塔尔，一个盛产石油的地方。

而画中没有想象中多么辉煌的背景，也没有多么有气概的人物。只有两名大溪地女子坐在草地上。这幅画的名字叫

《你何时结婚》。

听着标题就厉害了，而就是这幅"逼婚"的油画，2015 年曾以 **300,000,000** 美元的成交价，约和人民币 21 亿，成为**全球最贵的油画**。

而我就是这幅画的创作者。早知道逼婚这么热门，我真应该画出非诚勿扰系列。

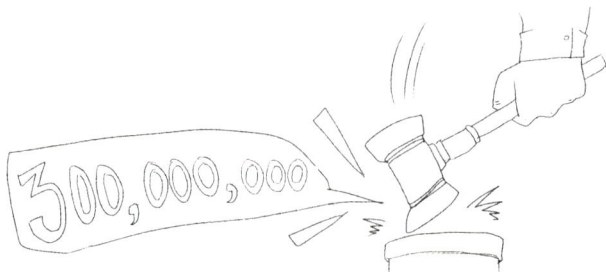

《你何时结婚》
1892，101.5cm × 77.5cm

这是我一生中最难捱的一年，我最心爱的女儿永远地离开了我，我曾千百次幻想她长大会是什么样子，会做什么。但从来没有想过，她会死于肺炎。

我可是一位父亲啊，在女儿心中我是她的国王，我应该无所不能，但是我却让肺炎夺走了她美丽的生命。而她是我最爱的小公主，肺炎却无情地把她从我身边带走了。

于是我崩溃了。我接受不了这个现实，我变得质疑一切，贫病交加、心力交瘁。

我真正体会到了生无可恋的滋味，于是我画了一幅总结性的作品

《我们从何处来？
我们是谁？
我们向何处去？ 》

这幅画在近4米长的粗麻布上，是我画的最大的一幅画。我想我再也画不出更好的、有同样价值的画来了……

活着没意思，生活完全失去了信仰。做人也没意思，没有女儿就没有人生。哎，越想越没劲，画画也没意思，什么都不能跟我女儿比，我想与这个世界告别。我大口大口地喝下了砒霜，也许离开这里，就会和女儿团聚。我闭上眼静静地等待……

《我们从何处来？我们是谁？我们向何处去？》
1897，139cm×375cm
藏于美国波士顿美术馆

美国著名心理学家曾研究表示：人在去世之前都会回望人生，这个时候，人们会对一生做一次全景式的回顾。

电影时间到……

1848 年

我生于巴黎。巴黎，一个浪漫开始的地方，一个艺术聚集的地方，一个梦幻且充满爱与激情的地方。很多伟大的艺术家诞生于此，诞生在这个艺术爆发性膨胀的时期。然而对我来说并没有什么卵用。因为我 3 至 8 岁在秘鲁度过，回到奥尔良后过得很不愉快，经常逃学躲入附近的林子里。我喜欢自由，17 岁弃学，当了七年水手。后来进入巴黎一家银行工作，娶了一名丹麦女子为妻。

我这人吧，一开始是没打算画画的，26 岁开始绘画生涯，来吧给你们介绍介绍我的一位画家朋友。他拿我当朋友，我把他当做老师，良师益友嘛。有没有人好奇他是谁？给大家一个小范围，他是印象派画家中的老大哥级人物；印象派曾有 8 次展览，他是唯一全部参加的画家；他的蒙马特大作《春晓》，在伦敦拍卖以近 **200,000,000** 人民币的价格落槌；他就是最坚定的印象派大师

毕沙罗。

厉不厉害！就问你们厉不厉害！年轻人有人脉多重要啊！

⬆ 《春晓》

1883年

　　我辞去收入不错的银行工作，准备做一个前途未卜的全职画家。很多人觉得我是为了梦想去努力。现在想想也许是一时糊涂。**冲动是魔鬼啊**！

　　这个决定显然将自己赌在一个无法回头的路上，朋友，如果想体会什么是穷，那就去做个画家吧。很多人不明白为什么画家这个行业搞不好就是穷困潦倒的一生。商品可以根据原材料、人力、物流计算出成本价格。以最低的方式进货然后通过包装，宣传等各种手段高价售出，从中获取差价。可一幅画怎么定价，一幅画中最宝贵的是画家在作画时投入的精力、感受以及艺术功力。但这些成本是无形的。换句话说，商品可以有市场价，或者产品估值。**但艺术不行，人们不会买认为没有价值的东西。**

185　原来你是这样的艺术家

如果我继续在银行工作，我相信可以很舒适地生活着，但是，我是谁？我可是做过水手的人，水手说了，他说风雨中这点痛算什么！擦干泪不要怕至少我们还有梦……

既然我想画画，那么我就要画画，我要追求梦想，我愿意为此付出一切！说得我热血沸腾的，哈哈，别看我早已过了而立之年，但是我还有一颗赤子之心！

多少人都是晚上想了千百万条路，白天起来还是继续走原路，而我准备开辟自己的另一条路，尽管大家都告诉我此路不通。毕沙罗还对自己儿子感叹，说我这个人太天真了。**那我也不管，我就是要撸起袖子，干！**

当然，对我这个决定最不满意的人是我老婆，我们夫妻间的战争从此开始爆发了。这女人不懂我，我可是个血里带风的汉子，而她呢，妇道人家只想安安稳稳地生活，其实她也没有错，只是我们价值观不太一样，我们的生活渐渐地举步维艰，最终她带着孩子离我而去。这时候我还没意识到玩大了，仍然对艺术保持高度热情，坚持一条道走到黑。

寒冷的冬季我的屋里没有炉火取暖，更没有什么像样的食物来充饥。我的画也卖不出去，于是我去了巴黎火车站画广告画，获得了一些报酬，勉强维持着生活。我看着形形色色过往的人，我真是看不惯这里的人们。现实，虚荣，为了钱卑躬屈膝。

"有钱了不起啊，有钱能当饭吃吗！"

我鄙视着念叨着，当然，我心里知道，答案是"能"。但是自己选的路，跪着也要走下去。

1886年

　　我认识了个跟我一样穷困潦倒的人，他叫**凡·高，**我们相见恨晚，互相崇拜，我感觉他很懂我。

　　两年后他请我去阿尔共同创作。那句话怎么说来着，距离产生美，俩人在一起久了难免会有分歧，这段时间可把我烦坏了，他总喜欢给我的画挑毛病。我承认，我的画是卖不出去，关键他的也卖不出去啊，凭什么对我的画指手划脚。

　　我们俩总是争吵，渐渐地越看对方越不顺眼。应了那句话：我喜欢你的时候，你说什么就是什么，我不喜欢你的时候，你说你是什么？！直到有天，他竟然想对我动刀，友谊的小船说翻就翻，老子惹不起走还不行吗？！

　　我想我是时候离开他了。据说没过多久他割掉了耳朵，然后被送进了精神病院，真是想想都后怕。

有天我偶然看到一段有关**塔希提**的文字，据说那里的人每天无忧无虑地生活着，他们几乎不知道钱是什么东西，更不会有城市人那副势力的嘴脸。那里自然，原始，简单，纯粹，物产丰富，仿佛与世隔绝。

很显然没有比这里更适合我这个穷光蛋的了。曾经做水手的时候，荡漾在望不到边际的大海上，没有纷扰，也没有世俗，想去哪里就去哪里，哎呀，想想真美好啊！要是那地儿真像文章说的那么好，那我必须得去看看啊！

于是我奔向了这座南太平洋小岛，点燃我人生新的希望。

1891年

6月，结束了63天长途航程登上了这个塔希提岛，一个"没被文明污染"的地方。

在这里平复了我多年来饱尝贫穷、饥饿的屈辱滋味，当然在绘画方面上，塔希提更符合我的艺术主张：

寻找本真的美。

土著的简单生活让我非常满足，白天我就和村民去捕鱼、砍木、采果子，夜里常有土著女人陪我共眠，当地风俗十分随性。

我真是太喜欢这儿了！这里的女人实在是粗野又健美，极富异域风情，这段期间，我共创作了 77 幅作品，其中有 66 幅都是女人肖像。

我在这里还娶了一位 14 岁的原住民少女，她叫**泰瑚拉**。

想我也是一直引领潮流的，现在不是很流行大叔配少女吗，我果然是最适合做艺术家了！我从灵魂到思想到生活，都是这么的艺术啊！

这里真是太原始了，感觉天地初开，回到亚当与夏娃的时代。

　　强烈的阳光，浓密的森林，女人们头戴花环，蜜色的皮肤，芒果、木瓜、马缨丹，每一种颜色都达到饱和的最高浓度，而时间的流逝慢得仿佛静止了。这一切我都画在了画布上。享受啊，真真是安闲舒适，无拘无束啊！

　　我常使用大面积的强烈对比色彩，我的理解是：色彩虽然比线条变化少，但是更有说服力。

我终于到了艺术的巅峰时期，但我在塔希提却快待不下去了。来之前的那点钱已花得差不多了，问我钱去哪了？娶媳妇过日子讨好丈母娘不用钱的嘛，而我自信满满寄回法国去卖的画却反响平平。

我好想念法国的花花世界，大餐、香烟、美酒，**思念是一种病～喔喔～思念是一种病～一种病**！

我接受了土著的生活方式，却实在不能接受他们的食物。当然我的心脏这时也因水土不服出现了问题。

1893 年

这是一个伏笔大家要先记住哦。

我给分开多年的妻子写了封信告诉她："我正在整理一部关于塔希提的书，它对理解我的绘画很有用。"我说的那部书，就是在塔希提写的散记，整理后的书名叫**《诺阿诺阿》**，当地土话的意思是"香啊香"。

这年夏天，弹尽粮绝的我只得返回法国，到达时口袋中只剩下 4 法郎。

回到法国为赚取生活费，我把从塔希提带回的 38 幅作品举行了画展，但那些评论界与绘画界不能接受，他们受不了夸张的色彩和造型。

尤其 **莫奈** 那伙人，他们认为这些画糟透了，太粗野、太原始。

拜托，你们一群只认识光和色的画画犊子们懂什么，我追求的是思想好不好！是灵魂！是精神层面好吗！能有点深度吗？！

很快我又落入经济窘境。大家不要以为我的一生总是在有点钱，窘境，有点钱，窘境中……徘徊着，谁也不知道天空哪片云彩后面会有雨。谁能想到这时我的一位叔父病逝，一笔遗产从天而降。

我终于可以大手大脚地花钱了，首先在繁华的香榭丽舍大街租间画室，装饰成塔希提的原始风格，此外还养了一只猴子和一位模特，后者也是我的情妇，叫**安娜。**

凡·高粉们别误会，那都是谣传，此安娜非彼安娜，再说，朋友妻不可妻，更何况朋友母了。只是好巧，凡·高的妈妈也叫安娜。

再说，我不会喜欢荷兰人，我喜欢原始风味的。我这个安娜，来自爪哇国，很原始，我很喜欢。

　　我又厌倦了巴黎，带着安娜共赴布列塔尼，这是法国西北部半岛地区。安娜性情招摇，轻视当地人并且不愿和他们来往，不久，便将画室中所有值钱的东西一卷而空消失了。真是家贼难防啊！

　　很快我又走投无路了，冥冥之中似乎感觉有个地方在召唤我：

塔希提。

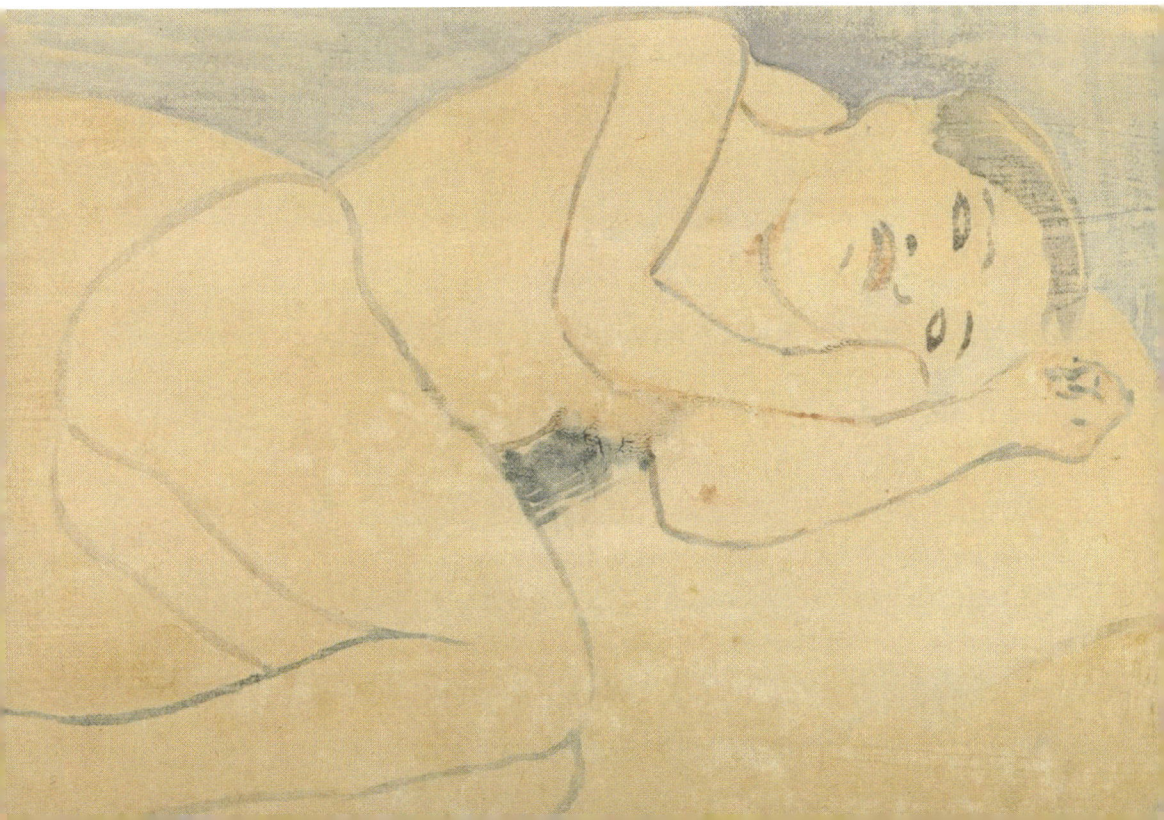

1895 年

　　我重返塔希提。但没想到的是，这里已经不再是那个世外桃源了，文明的入侵看来无法抵挡。从农村化开始步入城市化了。

　　曾经那位 14 岁的姑娘也已成为别人的妻子，身上已没有原始人的本真，穿上了自以为时髦的服装，放着留声机，屋子里笙歌不绝。我很失望，还好这里比大都市物价低，娶媳妇也算便宜，很快，我又有了一位当地的新妻子。

47 岁的我身体是一天不如一天，一时不如一时，一会儿不如一会儿啊。不自重的生活让我患上了梅毒，受气候影响腿伤再次发作，双腿长满湿疹，视力也开始下降。

走前我将一批画委托法国的朋友售卖，说好定期给我寄钱，但没想到从此那位朋友再也没有音讯了。

1897 年

我得知了一个五雷轰顶的消息，我最心爱的女儿阿丽娜死于肺炎。我一生的跌宕起伏也比不过这个消息对我的打击大。

我想离开这个世界。服下了大量的砒霜，希望尽快离开这个讨厌的世界。但戏剧性的是，我竟然没死，我不是吃了假砒霜吧？

这样都死不了，我是不是该自己走进探索发现栏目啊？

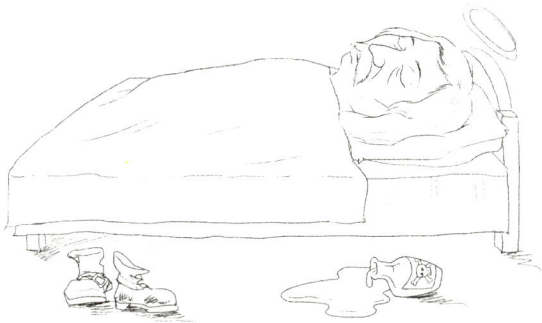

我前思后想，原来是因剂量太大引起了呕吐，所以体内没有吸收到致命的毒性。这真是万万没想到啊，对于想死没死成的人来说真是又一打击！早知道少吃两口啊。都说

大难不死，必有后福。

我进入了土木事业局，踏踏实实当了一名绘图员。在朋友帮忙卖出一些画后，第二年我又忍不住辞职了，重新拿起画笔，这真是我全部兴趣所在。

生性自由的我，厌恶殖民统治，经常帮土著民说话，不惜与统治者发生冲突。我曾为了一批被赶出家园的百姓，在报纸上发表抨击当局的文章，犀利尖刻，但依然不过瘾。不行，这样不行，这力度不够！我得再做点什么。

1899 年

我干脆自己办了一份《微笑报》，主要内容就是揭露当局丑闻、批判殖民政策，我要代表月亮消灭你！

但是投稿的人少之又少，为了化解这尴尬的一刻，有时我一个人使用9个不同的笔名，填满整个版面。有种自己跟自己玩的感觉。报纸一直撑到第二年，最终负债累累停刊了。突然有点心疼自己。

在塔希提的六年中，因为殖民开发，铁路修进了内陆，传教士的力量日益壮大，岛上食物的价格迅速飙升，我开始对塔希提也感到失望，觉得它已经变得"太文明"。

1901年

53岁的我迁往马贵斯群岛，听说那里"破坏"尚不严重，生活水平也比较低，我又开始向往了。原始好，我就喜欢原始！

最后我到达其中一个小岛——希瓦瓦岛，**度过了生命最后的时光。**

当地天主教传教士们看不惯我一些作风，我和他们关系很恶劣，我为了激怒他们，故意在自己的小屋周围放置裸女雕塑，门楣上钉着"欢乐之家"的大字。辣你们眼睛，气死你们！

我更受不了贪污腐败，当地的海关受贿，我马上写信向当局投诉，结果收到的是一张法院传票，竟然最后判处我诽谤，处以三个月监禁和500法郎罚款。我当然不服，于是准备卖画筹款上诉……但是死亡突然来袭。

1903年

5月8日，我突发心脏病离开了这里，那时我55岁，当时塔希提岛正受龙卷风的蹂躏，一片狼藉。第二天传教士走进我的小屋，烧毁了他们认为不道德的二十几幅裸体画。真是活活气死我！

三个月后，到塔希提救灾的医疗队中，有个年轻的医生走进我与世长辞的那间小屋，当时墙上还挂着不少画，玻璃门上也涂满了画。后来我的遗物在帕皮提拍卖，他买到一部册子，里面有我零星的稿子和许多插图。

这个年轻人就是日后的法国研究东方文化大学者

谢阁兰。

果然有眼光，这部册子就是当年我跟妻子信里提到的 **《诺阿诺阿》** 中的内容。

后来几经辗转这个册子回到法国，归卢浮宫收藏。

我这一辈子给不少作家带来灵感，我的故事数次被搬上舞台银幕，其中最有名的是小说

《月亮和六便士》。

我与凡·高、塞尚并称后印象主义三杰。贡布里希在《艺术的故事》中，将我们称作"现代艺术中三次运动的理想典范，塞尚导向立体主义，凡·高导向表现主义，而我导向原始主义。"

我向往原始，或许我内心住着一个原始的野蛮人。

在我眼中，野蛮人比文明人更优秀。我的画虽然不蓄意使人震惊，但是人人看了之后，都为之张皇失措。

我就是一个内心住着个孩子的野蛮人，这也许是我的血液中野蛮人的性格所造成的。

我是高更。

这不是结束，就像大制作电影都有**彩蛋**一样。我的人生如此跌宕起伏，当然要有幕后花絮。

1954 年，人们在阁楼里发现了我沉睡几十年的手稿，又等到 1966 年，才由巴黎出版商发表了我写的《诺阿诺阿》，但内容并不全面。也不是我最想展示的样子。

最后等到 1978 年，塔希提帕皮提高更纪念馆根据我的原始手稿和卢浮宫博物馆图画室收藏的插图，终于正式出版了**《诺阿诺阿》**，图文并茂，相得益彰，恢复了本来面目，也更符合我的原意。

而此时，**我逝世已 84 年**。

我能怎么样呢？我也很绝望啊。

我孤独，偏执，有精神病。
我一生只卖掉过一幅画。
我割耳，我自杀，我是这
世界上最伟大的画家。
几乎没人不知道我的名字
和笔下的向日葵。

我是凡·高

I am
Van Gogh

1853年

3月30日，我出生了。那年父亲30岁，母亲也已经33岁了，简直是晚生晚育的楷模。我是长子，后来他们又陆续生了5个孩子。真是厉害了我的爹娘。

⬆ 我的兄弟姐妹们

1857年

我有个弟弟出生了，那是我最好的伙伴。

我的父亲和祖父都是牧师，我的父亲提奥多勒斯·凡·高是一个性格古板但受人尊敬的人，在年轻的时候人们称他为"漂亮的牧师"。关于父亲的颜值，有画为证。

父亲　　　　祖父

我是个典型的宅男，喜欢一个人独处。11 岁我开始上学，精通荷兰语、英语、法语、德语、宗教学习的拉丁语和希腊语。是不是很厉害！一路学下来的我，突然做了个决定：

我要退学。

大家肯定会好奇为什么？所以我偏偏不说了，因为我就是这样一个古怪的人。

16 岁的时候，我来到一家画廊工作，有机会看到各种作品。突然我有了自己的画坛男神，非常崇拜他，开始模仿他的作品。

20 岁正是情窦初开的好时候，我在伦敦租住的房东女儿那一年正好 19 岁，她这个年龄，我这个岁数，正是拍拖好时节呀！撩妹的方式有很多种，而我竟然选了死得最快的那种：直接表白！可她很婉转地拒绝了我，她说："人家已经订婚了。"没关系，往好了想至少我没有失恋，可是我根本没有恋，就已经体会到生无可恋了。

有一天，我上班来到画廊。来了一位贵妇，挑选了很多幅画，结账时随意性地问我："怎么样，我的眼光不错吧？"我不屑地说："就是瞎子选的也会比你好。"贵妇愤怒离去，

于是我失业了。

我来到了一个很贫困的矿区做牧师，就在刚领到第一个月工资时，矿区发生了爆炸停工，矿工们没有饭吃，我把 50 法郎工资分给了矿工，给死去的矿工举办宗教仪式，并且代表矿工与矿主交涉，最后被革职，

于是我又失业了。

这时，我没有金钱，没有健康，没有理想，没有希望，有的是悲惨，贫困，痛苦和孤独。真是大写的惨啊！

谁能比我惨！

朋友，当你的生活走投无路的时候，要不要去试试做一名艺术家？

我弟弟每个月寄来的 100 法郎，后来是 10 天寄来 50 法郎，本来尚可解决温饱，但我 27 岁时开始学习了素描。从此，买颜料、画布成为我的日常，然后卖自己那些根本卖不出去的画，还要把钱分给比自己更穷的人。有时我饿了只能靠喝几杯清水撑着。倘若我病了，就静静地躺在地上，默默地忍受着这一切，接受着这一切。

我好饿啊！想减肥的朋友们，**搞艺术吧！随随便便瘦成猴。**

那些年我画过的素描

28 岁那年，我回家看见了我的表姐，她热情大方，美得不要不要的。尽管她是一个寡妇还带着一个孩子，但依然无法阻止我去爱她，这时候哪还顾得上伦理，我鼓起勇气去表白，我的天哪！

结果那叫一个惨，很快成为了那里的 **丑闻**。

她的父母觉得我是个疯子，强烈地阻止我去见表姐。后来我离开了阿姆斯特丹，到了海牙。

29 岁那年，我遇到了一个妓女，从房东的女儿到表姐到她，我的戏路很宽的，这个 30 出头的妓女，终日酗酒，还患有淋病，但是我对她的好感却挡也挡不住，我很想娶她。

她为我洗衣服，做饭，还做人体模特。但是渐渐地，她开始反对我画画，认为这是无用的画作，还浪费金钱，我们变得爱吵架。

我以为我们会组建自己的家庭，显然这个愿望破灭了。

怎么倒霉的总是我啊，上帝是个瞎子，不仅不给我留门，还顺手把窗户给我关上了。

我开始一张接一张地作画，只是画的主题有点无聊，比如画种土豆的人，画吃土豆的人。虽然题材上看起来有些尿点，但是我喜欢。

这一年我的真爱出现了，终于等到你，还好没放弃。那一年我 29 岁，她 39 岁，很多传奇爱情都是有年龄跨度的，其中不乏姐弟恋的美满案例。这是第一次有人主动爱上我。但是，她的家人知道后强烈反对，伤心欲绝的她选择了服毒自尽，别担心，她没有死，但我从此决定**远离爱情**。一个人的夜，我的心应该安放在哪里？

有一天我得知我叔叔去世了，分给了我 300 法郎，我租了一间简陋的小屋，并写信邀请另外一位饥寒交迫且志同道合的画家合住。

等他来之前的这段日子我的小心脏整天扑通扑通的，很激动很期待，也想向他证明哥的实力，于是我开始创作**《向日葵》**。

我画了大量的向日葵，有的花瓶里 12 朵，有的花瓶里 14 朵，唯独没有 13 朵，因为 13，在基督教里面是不吉利的数字。

《十五朵向日葵》
1888，92cm × 73cm
藏于伦敦国家美术馆

《黄房子》
1888，72cm×79cm
藏于阿姆斯特丹凡·高博物馆

终于等到我期待已久的小伙伴啦！

我们相互赠送礼物，均为自己的自画像。我们俩相互影响，相互渗透，有时画面都难分彼此。这期间我们的友谊真真是比天高，比海深啊。

这是我

这是他

不久，由于我们的艺术观点常常出现分歧，又加上我们性格偏执，开始是争吵，后来是挥拳，最后是动刀。男人嘛，谁没有个冲动的时候呢。

社会容不下我和他，我们的性格与别人格格不入，也同时患上了精神病，有一天，他发现我一个人拿着刀往家走，他便不敢回家，逃走了。

友谊的巨轮就这样沉了。世上再没人理解我，听我说话，陪我画画了。真是寂寞如雪啊，我只能自己跟自己说话，很快，**我的精神病就严重了**。

有天我突然脑子里出现了幻觉，想起曾经邀请一位妓女做写生模特，画完后我对她说："我没有钱，如果你看上什么，你尽管拿好了。"

她摸着我的脸，手摸到了我的耳朵，开玩笑地说："我喜欢你的耳朵。"这个场景突然出现在我的脑海里，于是我拿起刀割下了自己的耳朵，并包好给她送过去。

要不怎么说：永远不要和你不熟悉的人开玩笑，因为你不知道接下来会发生什么！

想必她怎么也没有想到我会记着欠她的诺言。

那个姑娘当场就晕了过去。但我就显得格外淡定，也不觉得这样做有什么不妥，找了医生包扎了耳朵继续我的生活。

此后，我像什么都没发生一样继续画画，我喜欢画自己，喜欢画阳光，喜欢画麦田，喜欢画自然。每画一幅画都夹着一封信寄给我弟弟。我弟弟把我的画放在自己的画廊里，但始终没人购买。

一帮没有眼力的俗人！无知！肤浅！庸俗！俗不可耐！

我病情越来越严重，别人眼中我是个怪人，没人喜欢我，我曾经和我那位真爱感慨：

> 我没有金钱，没有健康，
> 时而糊涂，外表丑陋，
> 骨瘦如柴，双眼通红，
> 神经衰弱，五脏六腑仿佛都坏了，
> 每天只会画着这些卖不出去的画。

她告诉我：

> 你的画虽然现在卖不出去，
> 但是以后这些画会挂在美术馆里，
> 出现在拍卖会里，印在美术书里。
> 会把你的一生写成剧本拍成电影。
> 将来，任何两个喜欢绘画的人交谈时，
> 只要出现你的名字，都是神圣的。
> 你的身躯虽然可以被摧毁，
> 但你的心灵却永远善良。

不愧是真爱啊，这个评价是当时对我唯一准确的评价，说在所有美术评论家们之前。

附近的居民向政府请愿，强烈要求把我送进医院，警察查封了我的住所所有的画作。同时这一年我弟弟结婚了，我怕我的病影响到他们的婚姻，于是自愿去了精神病院。

虽然当时的精神病院条件极其恶劣，但好在有弟弟的打点，我还能自由作画。而且我的主治医生很鼓励我继续作画，我很感动，我为他画了幅画像送给他，虽然他后来把我的画放在了鸡窝里当挡板，但我依旧要谢谢他。

1889 年 7 月，我的病情突然发作得很严重，有一段时间已经失去记忆，后来好些的时候我开始画**柏树**，取代了我曾经最爱的主题**"向日葵"**。

《麦田里的柏树》
1889，72cm×91cm
藏于伦敦国家美术馆

　　我写信告诉弟弟：这些柏树总是萦绕在我的脑子里，我真想像画向日葵那样把他们画出来。但是很奇怪，至今没有一件作品，表现出我心中的柏树。

　　也许这样的柏树只存在我的脑海里，我的心里，我的精神里，并不在这个世上的任何角落。

　　我心中的柏树是落寞的，是孤独的，是空虚的，是无奈的，是我。

1月，在布鲁塞尔的二十人展览会上，我的作品 **《红色葡萄园》**
被一个人买走，当时卖了450法郎。

这是我活着时候唯一卖出去的一幅作品，当时很高兴，觉得天上掉了馅饼一
样。不过我猜日后这个买家也很高兴，他会觉得被这个馅饼砸到了的人是他。

《乌鸦群飞的麦田》
1890，50.5cm×103cm
藏于阿姆斯特丹凡·高博物馆

在这一年的春天，我在奥维尔小镇的金色麦田里度过了自己最后的时光，创作完最后一幅作品：

《乌鸦群飞的麦田》。

有一天我想去打麦田里的乌鸦，一声枪响后，乌鸦被惊地飞散了，我倒在了金色的麦田里。

1890 年 7 月 29 日，我停止了呼吸。

在我去世以后……

之前跟我合住的画家得知了这个消息，便写信通知了我的弟弟。死后第二年，即 1891 年，在巴黎举办了我的个人回顾展，好评如潮。你们早干嘛去了！

当时有位评论家称赞说，**他爱我胜过爱父亲。**

6个月后我的弟弟也去世了。23年后，弟媳将我们二人葬到了奥维尔麦田中的小墓地里。

我就这样成为了世界上的传奇画家，人们从我特有的绘画风格中看到我的内心，感受到了我的感受，喜欢我的那个女人的话终于实现了，但一切显得太迟了。

提奥　　　　乔安娜

这个女人叫**玛雅，**第一个肯定我作品的人。

我弟弟叫**提奥，**所有作品多亏有他保存。

大家可以了解我，读到我的故事，多亏有我弟弟的妻子，她叫**乔安娜，**在我和提奥都去世后，这个女人除了得到了我几千张画以外，几乎一无所有，但她居然没有卖掉这些画，还整理和翻译了我所有写给弟弟的信，并出版发行了，真是一位有智慧又高尚的女人啊。

19岁表白那位房东的女儿叫**尤金妮娅，**那位美丽的表姐叫**凯，**后来遇见的那位妓女叫**西恩，**哦对，她还有一个5岁的女儿，当然，这些显然都不那么重要。

还有个女人我一直没提，但对我影响很大，就是我的母亲**科尼莉娅。**

母亲在怀我之前，就生下了一个男孩，但是夭折了。

后来，我出生了，母亲为了纪念死去的孩子，起了同样的名字。我一直活在死去的哥哥阴影之下，所以小时候总是孤僻古怪，自卑极端。我很渴望得到母爱，我喜欢的女人总是年龄比我大一些。

不得不提与我合租的画家叫**高更，**后印象派的伟大艺术家。我们曾合租在法国阿尔的一个村庄里，那个小屋记录了两名传奇艺术巨匠。

用我的画挡鸡窝的医生叫**雷。**

据说他的家人后来在鸡窝里面找到了这幅画，虽然有些破损，但相信还是为他家人带来一些意外收获的。

还记得我的画坛偶像吗？我总是临摹他的画，我相信，模仿别人，就会找到自己，这位画坛大咖就是大名鼎鼎的现实主义代表画家**米勒。**

《卧室》
1888，72cm×91cm
藏于阿姆斯特丹凡·高博物馆

我,

1853 年出生于荷兰,

27 岁决定搞艺术,

37 岁自杀。

去世后我被称为后印象派代表。

几乎是艺术史上最著名的画家

但生前,

我是精神病患者,

是个卖不出去画的无业游民。

我是凡·高。

我这一生创作了大量的自画像，因为我真是没钱请模特。

看我 72 变

自打我去世后，

人们果然开始大量印刷我的画册，出版我的专辑。

几乎所有的美术课，都会分析学习我的作品。

多少爱画画的人的梦想就是可以欣赏到我的真迹。

我的画被用各种特效、移轴摄影、VR 体验、影像等方式在全世界巡回展示。

人们开始拍关于我的纪录片，将我的画做成各种艺术衍生品。

杯子、雨伞、服装、箱包，连拼图这种玩具都用我的作品，多少人将我的印刷品挂在家中装饰。

......

早知道会这样，
我真的还想再活五百年。

我命短，
我酗酒，
我帅气逼人，爱画女人，
我的画卖十亿。
我是毕加索一生惧怕的对手。

我是莫迪利亚尼

I am
Modigliani

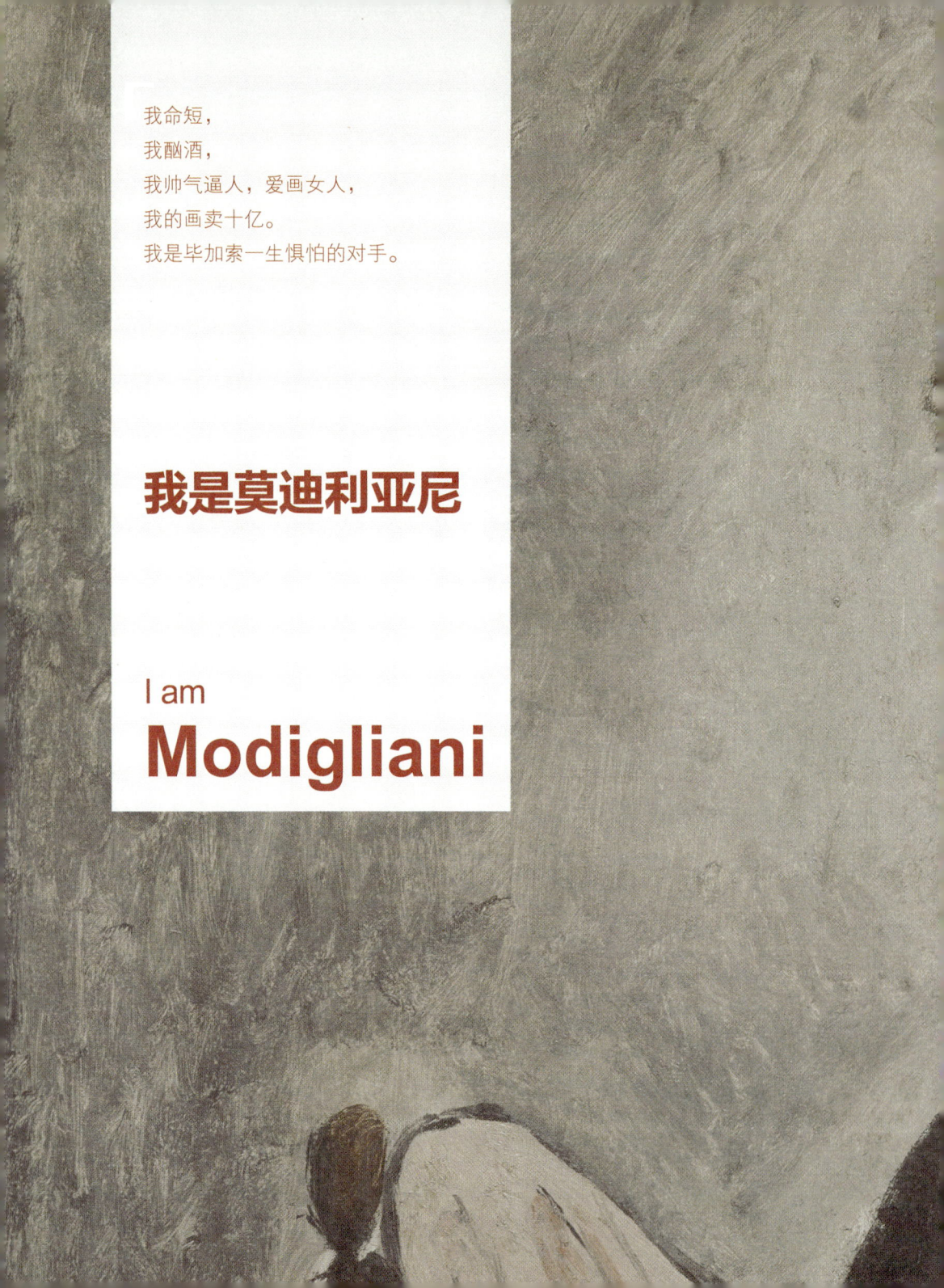

《侧卧的裸女》

在纽约佳士得拍卖会现场，有这样一幅画作为当晚的镇馆之宝，最终被中国的一位土豪用 **1,000,000,000** 元人民币买走，创下了佳士得拍卖纪录。

大家可能没心思听我说话，都在数零呢吧，别数了，是**十个亿**。

十个亿啊伙伴们！

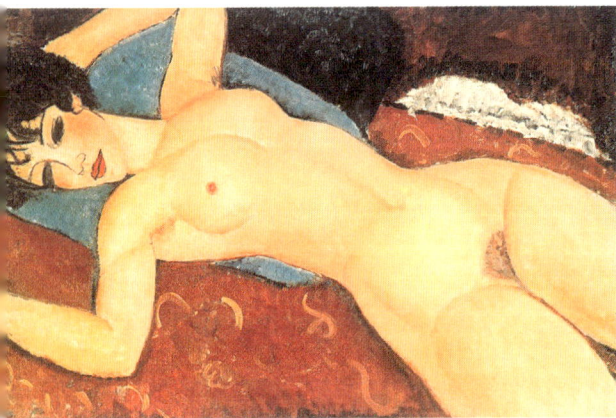

我的在天之灵看到这一切以为这是场梦，我扇了自己一个耳光，哎哟喂疼死我了！看来是真的。别拦着我，我要回到人间，人间原来如此美好。怎么没赶上好时候呢！

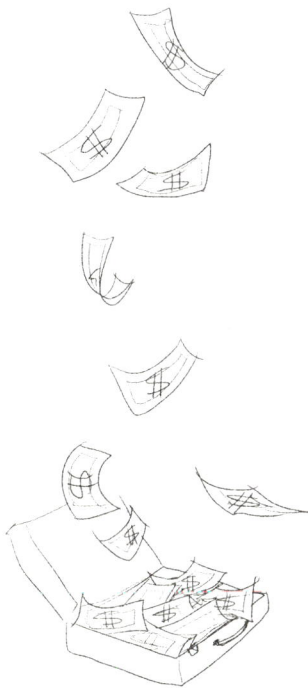

2016 年

曾靠一幅《侧卧的裸女》创下拍卖纪录的我又有新作品上拍，我的肖像画在伦敦苏富比"印象派及现代艺术"拍卖中以 **38,059,000** 英镑落槌，约合人民币 **3.7 亿**。反正我就是身价过亿的厉害角色嘛。

拍卖现场，拍卖方告诉大家这是"艺术家为永恒的女神绘下深情之作，见证了 20 世纪艺术史上最凄美的伟大爱情故事"。男默女泪，孔雀东南飞。那么，这个"伟大的爱情故事"是怎么一回事，画中那女主又是谁呢？

这要从我出生那年说起：

1884年

我出生在意大利的一个富裕家庭，但是从我出生后，就逐渐地开始家道中落，我的富二代生活还没有开始，就已经结束了。我是惝圈的。

我从小体弱多病，16 岁那年患上了严重的肺结核。咳咳咳……咳咳咳……等我喝点温水开始讲我的故事啊。

到了 18 岁，我开始在佛罗伦萨美术学院学习。我先介绍一下我的母校啊。

佛罗伦萨美术学院始创于 1339 年，是世界第一所美术学院，开创世界美术教育先河，1562 年正式建立，称作迪亚诺学院。1785 年成为国立美术学院。"世界美术学院之母，四大美术学院之首"这就是对佛罗伦萨美术学院的评价。

就在这个小门口，走出太多艺术大师

🔺 佛罗伦萨美术学院

但是 19 岁，我转学来到了**威尼斯美术学院**。

真是学好不容易，学坏一出溜儿。我和很多成功人士一样接触了毒品，但也有些不一样，那就是我还没有成功。

1906 年

22 岁的我到了艺术之都巴黎。在巴黎，我第一次看见印象派绘画。从此我喜欢上了绘画，之前那种画画形式都是闹着玩，印象派艺术真好看，我突然决定，我要好好画画。

说说大家印象中的艺术家是什么样子的呢？相貌堂堂？风度翩翩？气宇非凡？总之，这些特点我都有，一双炯炯有神的眼睛，足以迷倒一条街的姑娘。我穿着灯芯绒的衣裤，一件格子衬衫，系着红色的围巾和腰带。

刚到巴黎时，我优雅的谈吐、良好的家教，令无数女子神魂颠倒。感觉每天都被自己帅醒。

我一时间被称为蒙马特王子。唯一的美中不足就是我的身高只有一米六五，而且当时没有内增高。幸好我有一张吃香的小脸蛋儿。

我奉劝现在有宝宝的家长，一定要多关注孩子和什么人接触，不要像我这样，在巴黎，我受到了一批艺术家放荡生活的诱惑，穿着、举止和习惯都变了，在毒品和酒精的亢奋效力下，我甚至和女孩子裸体在广场上跳舞。很快我就臭名昭著。越来越多的人表示讨厌我。我心里狠狠地告诉他们：讨厌我的人多了，你算老几。

　　这里没有人买我的画，生活一度陷入窘迫。我不断地更换住所，在酒馆间晃荡，沉默寡言，游手好闲，很快便成为蒙马特奇特青年中最不安分的一个。

1912 年

　　我回到故乡意大利的里窝那，重拾雕塑，依然没有市场，这次人们不仅对我的雕塑不喜欢，同时对我这个人也是反感的。

　　我一气之下将作品抛入运河，你们给我自定义，我就给自己格式化。我将一切都扔了，并重返巴黎，决定卷土重来。据说几十年后，不少人下河去捞我的作品，不过我猜测这可能只是个段子。大家乐呵乐呵就行了。

非洲雕塑
VS
我的作品

其实这几年，我逐渐发现了非洲雕像中的美感，"原始中有一股简化的美，和新古典主义们从希腊、罗马中提炼出的线条最为接近"。这些异国的雕像让我有章可循，慢慢找到自我。在日后我的无数绘画中，都能够看出非洲雕塑的影子。

在我的生活中，虽然我放浪不羁爱自由，经历了无数女人，但如果说真爱，还真叫我永生难忘。

1914年

她比我大五岁，是个有故事的女人，聪明，博学，心直口快。她是我艺术创作的兴奋剂，我为她画了无数的画像，在她身上吸取艺术的灵感。

渐渐地，我们发现现实的生活想要维持这段感情，越来越难，于是她果断投进了意大利雕塑家的怀抱。咳咳咳……真是岂有此理！咳咳咳……

俗话说不经历些渣人怎么能懂什么叫真爱，倘若问我对谁用情最多，那一定是我在巴黎学画时邂逅的法国少女，也是我们今天故事的**女主角**。

她出生于巴黎的一户天主教家庭，是大家公认的女神，优雅、娇羞、安静。属于那种长得好看，做什么都对的类型。

她在弟弟的引见下，进入蒙帕那斯区的艺术家社区，怀抱对艺术的热情和绘画天分，进入柯拉罗西艺术学校就读。

艺术系的姑娘啊，都是闪闪发光的小仙女啊！关键是长得好看，又有才华。

春季，她在一个朋友的介绍下，认识了我。我就看了一眼，真是一眼万年一见钟情啊，从此我就没再看过别的妞儿。瞬间觉得其他女人都是浮云。我无法自拔地喜欢上了这个女孩，当时我33岁，她19岁。都让开，我要展示一下我多年来积累的**撩妹技能**了！

第一步，摆出最炫酷的造型，自信地告诉她：你的眼睛很美，你的眼中有春的温暖，花的明媚！哪天有机会我会画你的眼睛。姑娘当然是羞涩地答应了。

第二步，约她，为她画像，但是！就是不画她的眼睛。这叫欲迎还拒。学着点少男少女们，追姑娘是要用脑子的。

第三步，她一定会上前问：我的眼睛呢？而我，用最真诚的声音告诉她：站太远了，我看不见，等我真正了解你后我会画的。

《珍妮·赫伯特尼肖像》
1918，91.4cm×73cm
藏于大都会博物馆

madigliani

很快地，我们两人坠入爱河。

你若不离不弃，
我必生死相依。

但是我是一个身无分文的艺术家，酗酒、吸毒、颓废，况且还是比她大很多的犹太人。

于是她家人不断向她施压，要她离开我，甚至以停止供给生活费相要挟。

她毅然决然与家庭决裂，完全真挚地与我相爱了。

不久后，我们同居了，但没有举行婚礼。

自相恋后，她是我的绘画灵感和主题，促使我进入艺术的另一个黄金时期。

一年过后我们的大女儿在尼斯出生。

第二年春天，她再度怀孕。也许是老天爷对我们这么秀恩爱看不下去了，让我患上了结核性脑膜炎。伴随着药物滥用而起的并发症，我精力被摧残得所剩无几，身体越来越差。

1920年

1月24日晚，我家楼下的邻居由于很久没见到我们这对恩爱夫妻了，也没有听到楼上有什么声音，便敲门进去。只见我躺在床上，发热说着胡话，全身颤抖，几乎已经没有意识。

大着肚子的她在我身边惊恐万分，心烦意乱，不顾一切地尽力拥抱住我。不过多时，我终于解脱痛苦，离开了人世。没想到我这个英俊的意大利"王子"，只活了36个春秋。真是人比天高，命比纸薄啊！

而就在这个阶段，我的画作市场逐渐地开始好转起来，我真的不甘心！我还没来得及享受，怎么就say goodbye了呢！我好委屈。

就在我死去的第 31 个小时，我亲爱的她后退着从 5 楼的窗户跳下，像一片秋叶从楼上飘落，带着腹中我们的孩子离开了人世，而那一年，她只有 22 岁。

她就是 **珍妮**。

珍妮，你真傻，为什么要这样？

在为珍妮画的众多画像中，我最难忘这幅:怀孕的珍妮身着深蓝色天鹅绒长裙，坐在椅子上，头部微倾，脖颈修长，这次她终于有了眼珠，"只有当我了解了你的灵魂，我才能画出你的眼睛"。我懂了珍妮，画出了她的眼睛，但眼神却是忧伤茫然的，没有聚焦，没有方向，视线落在不知名的地方。

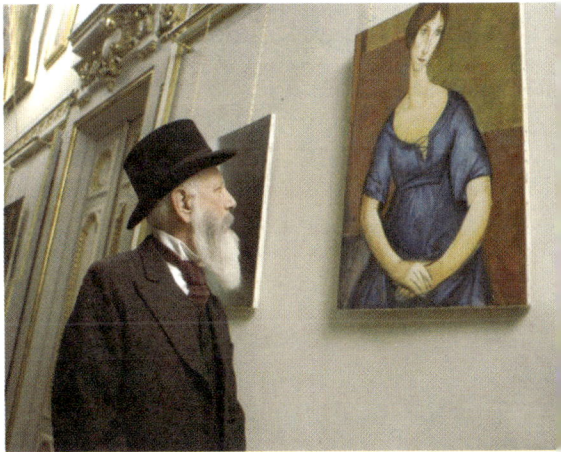

也许珍妮对这最后的结局早有准备，她在我死前一个月画了一幅画，取名叫《**自杀**》，触目惊心地预示了自己的结局。

我们俩最终合葬于巴黎拉雪兹神父公墓，在那里有一块普普通通的墓地，花岗岩装饰的菱形墓盖上镌刻着：

> 画家
>
> 莫迪利亚尼
>
> 一八八四年七月十二日生于意大利里窝那
>
> 一九二零年一月二十四日死于巴黎
>
> 在荣耀降临的时候
>
> 死神将他召去
>
> 珍妮
>
> 一八九八年四月十六日生于巴黎
>
> 忠实的伴侣直至最后的牺牲

我一生有过很多画友，第一年来到巴黎，就认识了

布拉克　　　　郁特里罗　　　　毕加索

　　毕加索和我同样是一米六出头的小个子，同样满腹才华，几乎同样的年龄。都说同行是冤家，毕加索一直把我看做对手。

　　但是他比我有套路，知道艺术圈的玩法，在立体主义风靡全球的时候，我的画要比毕加索的作品更具有情感，但是毕加索一直把我当做对手，压制着我，曾经他愤怒的撕掉了他画室中我的作品。但是后来又买了另一幅我的画作，这个人就是这么古怪。

《意大利女人》
1918，102.6cm×67cm
藏于大都会博物馆

我要是能长命百岁，没准能改变历史呢！

我这一生差不多也说完了，最后我就想说一句：

> **"**
>
> 健康真的很重要！
>
> 健康真的很重要！
>
> 健康真的很重要！**"**

身体是革命的本钱，我就是活生生的例子啊！大家要多读书，多看报；远离烟酒，多睡觉。

拜拜啦，
我是莫迪利亚尼。

尊敬的读者：

　　事情要追溯到两年前，我开始关注绘画大师的一些生平故事，惊奇地发现，大师的生活像作品一样有意思，甚至更有戏剧性，像一部电影，跌宕起伏。从此便一发不可收拾，了解了大师的经历、思想、情感之后，再去欣赏他们的作品，会有不一样的感觉。看见的不再是一幅静止的画面，好像可以听见大师的倾诉。

　　热爱画画的人都喜欢寻找一些志同道合的朋友，我多渴望可以和艺术大师私交甚好。于是我愿意了解他们，窥探他们的生活，好像这样会觉得离他们更近一些。

　　记忆中我了解的第一个艺术家是凡·高，和很多人一样，我热爱他的向日葵，仰望他的星空，小憩于他的麦田，后来我知道他有个弟弟开画廊，他有个室友叫高更，他患有精神病，他在麦田中开枪自杀。我开始整理他的故事，在电脑中建了一个专属于他的文件夹。

　　后来在他旁边有了达·芬奇、莫迪利亚尼、米勒、伦勃朗、卡拉瓦乔、莫奈、丢勒、高更……

　　当这些内容即将集册出版时，我突然意识到了自己的错误，并开始深刻地反省。

　　1. 文字问题
　　这本书我虽然也用了洪荒之力，故事情节反复推敲、验证，但一定还是说了这样或那样不准确的话，或者无心调侃了您最爱的艺术家。很抱歉，作为大众艺术普及者，我和严肃的艺术学者有太大的距离。

2. 大师作品

我们知道，大师作品的图片和原作总有着偏色问题。大家别怪我见识少，我确实很难将全世界的世界名画尽收眼底。不能甄别出每一张图的色彩问题，不敢确保图片色彩的精准度。

3. 插图问题

插图问题最大了，而且很多大师那个时期没有照相机，对于大师形象的设定，有着太多的不严谨。我不是插画师，对情节的把握、气氛的渲染也是全凭感觉，当时幼稚地认为，我喜欢，也许您也会喜欢。

看完本书，如果我的内容能点燃您对艺术的兴趣，那真是太完美了，如果很不幸，我的内容会让您有些失望，我很抱歉，希望您别放弃我，我会努力进步，不信，等我明年的新作品——《原来你是这样的艺术家2》。

此致
　　敬礼！

检讨人：本书作者

2017年写于工作室

图书在版编目（CIP）数据

原来你是这样的艺术家 / 齐晓晶著 . —上海：上
海交通大学出版社，2017（2020重印）
ISBN 978-7-313-17003-3

Ⅰ.① 原… Ⅱ.① 齐… Ⅲ.① 艺术家—生平事迹—世
界② 艺术—作品综合集—世界 Ⅳ.① K815.7 ② J111

中国版本图书馆 CIP 数据核字（2017）第 086017 号

原来你是这样的艺术家

著　　者：齐晓晶			
出版发行：上海交通大学出版社	地　　址：上海市番禺路 951 号		
邮政编码：200030	电　　话：021-64071208		
印　　制：上海盛通时代印刷有限公司			
开　　本：889mm×1194mm　1/24	经　　销：全国新华书店		
字　　数：140 千字	印　　张：11		
版　　次：2017 年 6 月第 1 版	印　　次：2020年11月第 2 次印刷		
书　　号：ISBN 978-7-313-17003-3			
定　　价：59.80 元			